最強の為替サイト　FX界のレジェンド

ザイFX!×西原宏一が教える

FX トレード戦略 超入門

西原宏一×ザイFX!編集部

ダイヤモンド社

FXは単純で自由で楽しいもの

Introduction

FXは思考を活性化する世界への扉

昨日と同じような1日が、今日もまた続くに違いない――。

これはある意味、思考停止です。たしかに、昨日の延長に今日はあります。しかし、これまでよく売れていたものが突然売れなくなったり、今まで正しかった方法が突如通用しなくなったり。何かのきっかけで、環境がガラリと変わることはあるものです。自分の考えは時代にあっているのか？　絶えず客観視する必要があるのはビジネスもＦＸ（外国為替証拠金取引）も同じです。

為替市場は政治や景気、紛争など、世界のさまざまな事象で動きます。トレードのためには世界の動きを観察し、見通す必要があります。結果として、グローバルな視点、柔軟な思考が養われます。無関係に思われた地球の裏側の出来事が我がことになる。FXは世界が身近になる扉でもあるのです。

リスクを取らないことがリスクになる時代。だからFX

日本では現在、世界でも類のない金融緩和が進行中です。今はまだ、政府や日本銀行の意図した範囲で動いていますが、コントロール不能な超円安に陥るリスクは決して小さくありません。

ニクソンショックやアジア通貨危機など、為替市場は過去、何度もそうした過激な暴発を繰り返してきました。

もし超円安が起きたら、僕たちが今、信用し、大切にしている円の価値は暴落します。資源や食料を外国に頼る日本ですから、超円安により生活コストは爆発的に高まるでしょう。

経済がグローバル化された今、FXを通じた外貨への投資は、こうしたリスク回避のひとつの手段です。FXにはリスクがあります。しかし、むしろ、リスクを取らないこと、何もしないことがリスクになる時代だと、僕は思っています。

あきらめたら、そこでおしまい。継続が力になる

全然、FXなんて、儲からないじゃないか！　内心、そんな思いを抱えてこの本を手に取った方もいるかもしれません。

でも、現在、成功しているトレーダーも最初から勝っていたわけではありません。ほとんどの人が始めたばかりのころに、手痛い失敗を経験しています。そのとき、「続けるか、やめるか」の選択を迫られ、「続ける」ことを選んだ人が、今、結果を出せる投資家となっているのです。

もちろん、漫然と続けていても何も変わりません。「続ける」にしても、正しい準備と戦略が必要なのですが、少なくともあきらめてしまえば、そこで終わりです。そして一度、大きな痛手を味わった人は、リスク管理と「トレード戦略」の重要性を痛感したことでしょう。

FXにもあなたのトレードにも、まだまだ可能性はあるはずです。

Introduction

FXで勝つために必要なのは自分で考えること

やるべきことをやれば、結果はついてくる

仕事でも趣味でも、新しいことに臨むとき、さまざまな情報を集め勉強し、準備を整えるものです。

ＦＸも同じです。チャートや情報を分析して準備をし、自分の見通しを持ってトレードに臨む。失敗から反省し、経験を積んでいくと、３か月後には大きく負けることがなくなり、１年後には収益が伸び始めるでしょう。3年後にはトレードに、自分の「得意パターン」が見えてくるかもしれない。

やるべきことをやれば、結果は必ずついてくるものです。逆に言えば、値動きに翻弄されるばかりで、自分でトレードがコントロールできていないのであれば、まだ、やるべき何かが足りていないのかもしれません。あなたのトレードに足りないのは何か？　この本の中に、そのヒントがあるかもしれません。

CONTENTS

6章 西原式トレード戦略武装！

1章

西原式「FXトレード戦略」とは？

極論を言えば、FXは勝てばいい、儲かればいいわけですが、
“運”がいつも味方をしてくれるわけではありません。そこで必要なのが“戦略”です。
1章ではまず、トレード前に僕がどういう思考をたどっているのか、
トレード戦略のアウトラインについてお話ししていきます。トレード戦略と聞くと
難しく感じるかもしれませんが、実はとてもシンプルなのです。

outline

その1

［FXにおける戦略とは？］

シンプルかつ徹底したルール作りが重要

POINT 1 「戦略」を持てば負け続けることはなくなる！

POINT 2 「チャート」重視。ファンダメンタルズで補強

POINT 3 「リスク管理」できないトレードはしない！

POINT 1

「戦略」を持てば負け続けることはなくなる！

値動きを追いかけるトレードでは勝てない

小さな子どもたちのサッカーを見ていると、気がつくことがあります。フィールドに散らばった10人が一斉にサッカーボールをめがけて、あっちへ行き、こっちへ行きと右往左往しているのです。

「今はその空いたスペースで止まって、パスを受けたほうがチャンスになるのに」

そう思っても、子どもたちはただひたすらボールだけをめざします。子どもたちのレクリエーションですから当然ですが、ちびっこサッカーに勝つための**「戦略」**はありません。

では、あなたのFXはどうでしょうか。

「上がってる！　買い！」「下がっちゃった……じゃあ売りか」と、**値動きを追いかけるトレードになっていないでしょうか**。FXでは、なんとなく取ったポジションで利益が出たりします。しかし、雰囲気だけでトレードしていたら、いつまでたっても儲かるトレーダーにはなれません。

FXを長く続けるため、そして儲けるためには、**「相場の見通し」と「そのとき自分はどう動くか」というシナリオ、すなわち戦略が必要**です。

もちろん、戦略通りに利益をあげられないこともあります。しかし、戦略を立て、実行することで、〝想定外の負け〟はなくなるはずです。

FXに「戦略」が必要な理由

●値動きを追いかけるのではなく、値動きのイメージを持つ

●「戦略」なきトレード
- 「上がってる！」「下がってる！」といって、ポジションを取ってしまう
- 明日の値動きについての、自分なりの予想がない
- 振り返ってみて、なぜ、そこでポジションを取ったのかわからない

●「戦略」を立てて値動きを見る
- どのレベルまで上がるのか？　下がるとしたら、どこまで下がるのか？を見通す
- そのとき、自分はどう動くのかをイメージする

POINT 2 「チャート」重視。ファンダメンタルズで補強

チャートが示す値動きは嘘のない事実

僕のトレードスタイルは、一般的に「トレンドフォロー」といわれるものです。日々、行なっているのは、トレンドを探し、転換点はどこにあるのか、トレンドはいつまで続くのかの検討です。それは、大きく次の3ステップで考えていきます。

1 チャートで事実としての値動きをつかまえる
2 為替情報を読む
3 チャートで先読みする

各国の経済動向やイベントなどファンダメンタルズの情報をチェックし、その後、チャートを見て……という人が多いかと思いますが、僕は完全に逆の流れをたどります。

まずは、**何をおいてもチャート**です。チャートを見て、**トレンドはどちらの方向に、どの程度の強さで出ているのかをチェック**し、取引チャンスを探します。そして、そのあと、**ファンダメンタルズで裏付け確認**をしていくのです。

もちろん、ファンダメンタルズの要因が、トレンドを押し進めるということはよくあります。

例えば、2012年からの米ドル／円の上昇トレンドはアベノミクスと黒田バズーカという推進力がありました。

2014年のユーロ下落もやはり金融緩和がきっかけで

3ステップで考えていこう!

●“事実”から掘り下げ、“事実”から予想する

1 チャートで値動きをつかまえる

原因・背景はともかく、チャートの値動きは“事実”

[2章]
トレンドを探す
移動平均線やMACDの活用

2 為替情報を読む

値動きの理由を確認、この先の動きを予想する

[3章]
ファンダメンタルズ
各種ニュースから“織り込み度“を確認

3 チャートで先読みする

チャートが示すシグナルをチェックしてポジションを検証

[4章]
ストップ注文の位置
フィボナッチや一目均衡表を活用

したし、豪ドルの下落は中央銀行の総裁が「豪ドルは高すぎる」と繰り返し発言していたことで売られたからです。

2016年の英ポンド下落はEU離脱という歴史的イベントを警戒してのことでした。

しかし、こうしたマーケットを動かす大きな〝旬のテーマ〟は、年に1~2回、あるかないかです。世界経済には絶えず、さまざまな出来事が起きています。上がる材料もあれば下がる材料もある。すでに流通している情報は、結果に対しての後付けの理由が多く、また、不確実な情報も少なくありません。

しかし、**チャートが示す値動きは、背景がなんであれ、嘘のない事実**。僕はまず、そこから始めています。

POINT 3 「リスク管理」できないトレードはしない!

ポジションを取るのは「負けの確率が低いとき」

チャートでチャンスがありそうな通貨ペアを見つけたら、ファンダメンタルズの裏付けを確認。

再びチャートに戻り、利益をあげられそうであれば、どこでポジションを取るのか、シグナルを探すことになります。

ほとんどの方はここで、「どこまで利益を出せるか」を考えるのではないでしょうか。しかし僕は、ここでも逆の思考をします。ターゲットよりむしろ、リスクについて徹底的に考えるのです。

ストップ注文(逆指値)は

ストップ注文の設定がリスク管理の第1歩

●ストップ注文を入れなかったら？

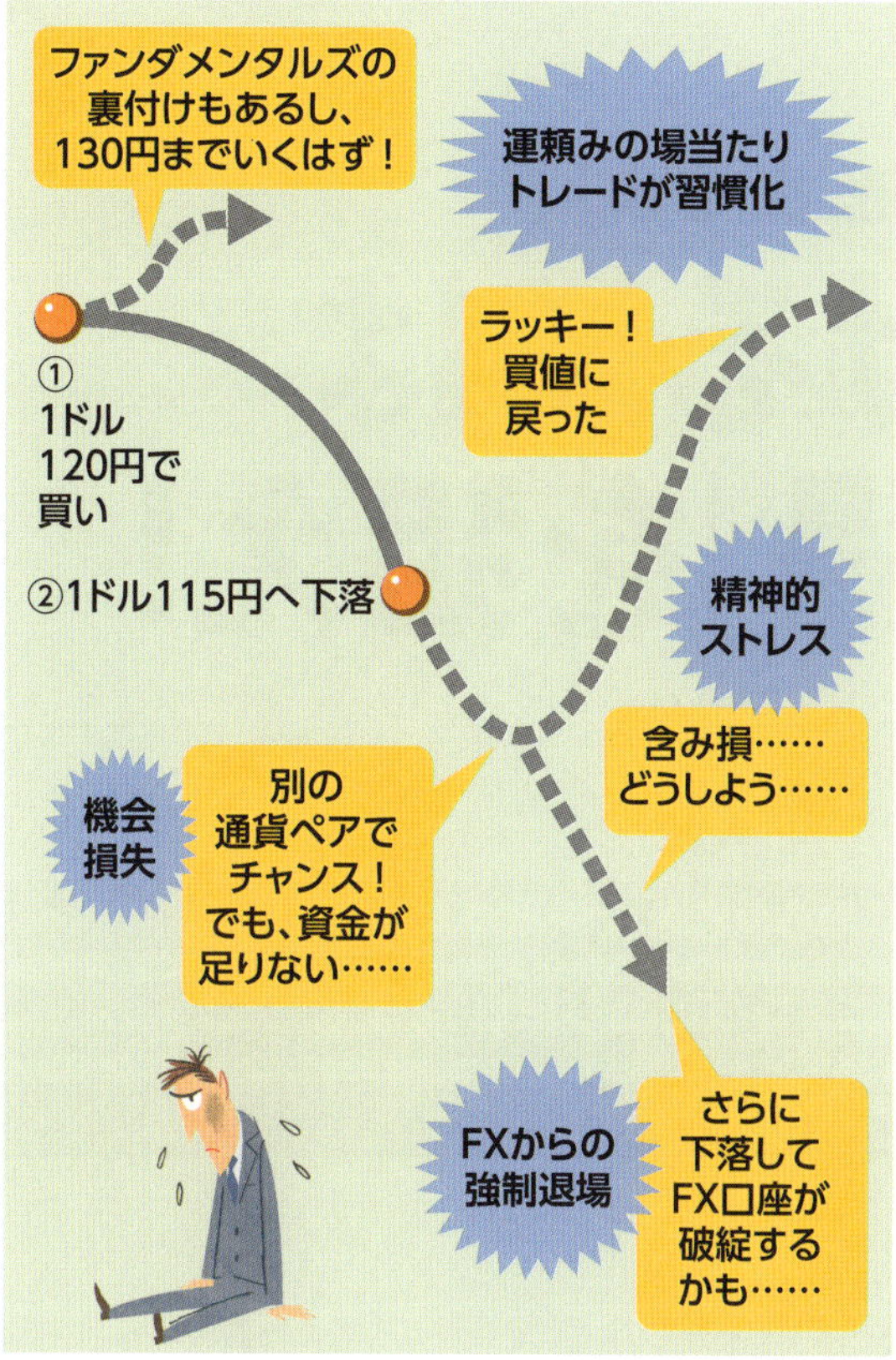

●ストップ注文を入れておくと？

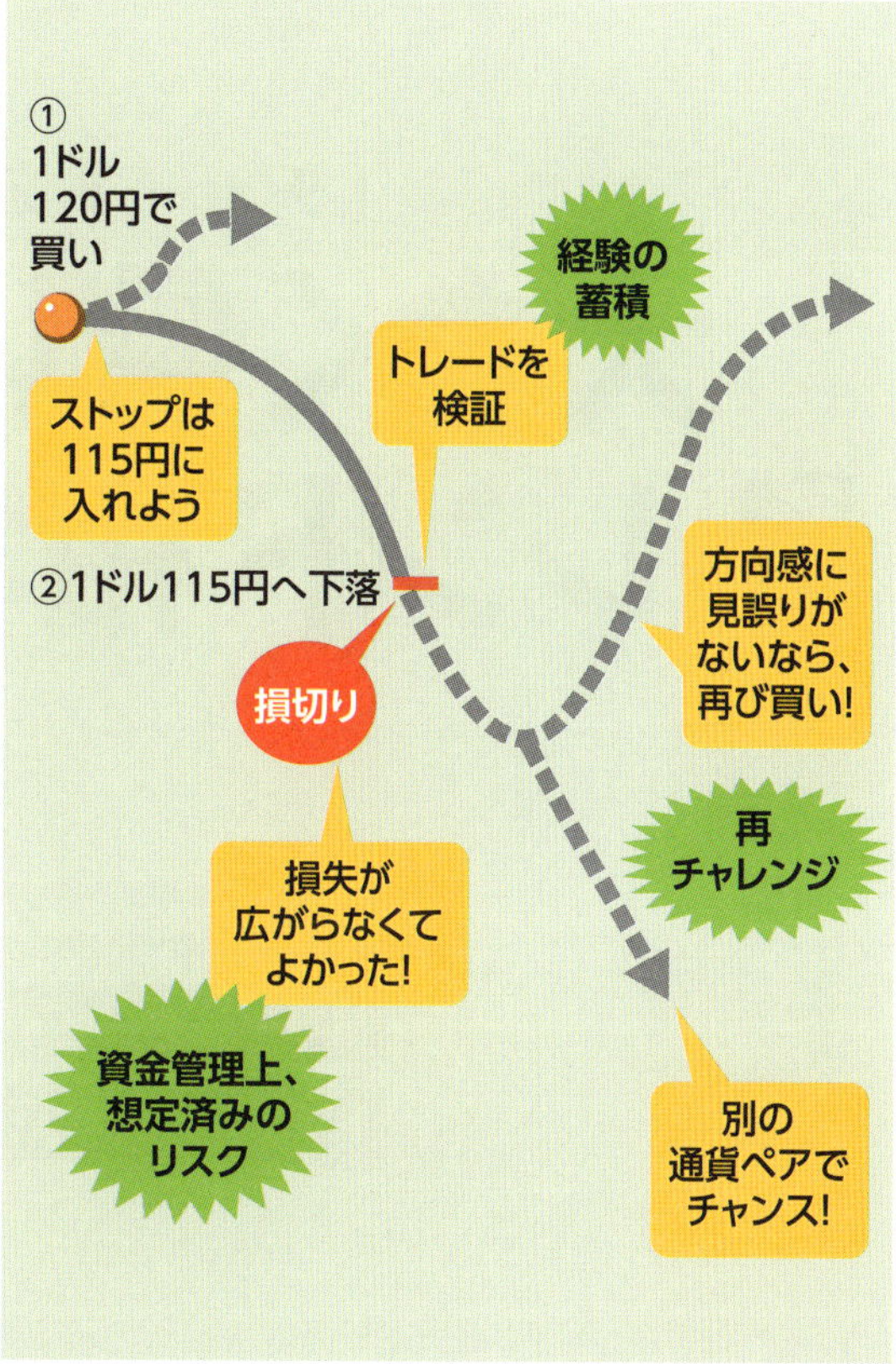

どこに置けるのか？　ストップ（注文）までの幅から考えて、どのくらいのレバレッジが適切なのか？

そのトレードで「どのくらい、やられるのか」を把握するのです。もし、リスクが把握できないと判断したら、どんなに値動きがありそうな相場でも手を出しません。ディールは確率論です。僕がポジションを持つのは、「儲かる確率が高いとき」ではなく、**「やられる確率が低いとき」**。難しいマーケットでいかに勝つかという困難に、わざわざ立ち向う必要はありません。「負けないFX」が結果として儲かるFXとなります。

僕のトレードも特別なことをしているわけではありません。**トレンドを探し、トレンドに乗る。そして、失点を極力減らす――**。とてもシンプルですが、それが僕のトレード戦略のキモなのです。

1章 関連キーワード

チャート
通貨ペアごとに値動きをわかりやすく視覚化したグラフ。表示方法はローソク足やバー、ライン、平均足などさまざまな種類があるが、一般的なのは、日本で生まれたローソク足。

ファンダメンタルズ
為替の変動の予測・分析方法で、値動きを発生させる要因を対象とするのがファンダメンタルズ分析。金利や景気、政治、物価、株式市場の動向など、分析の対象となるものはさまざま。

ストップ注文
損失の拡大を防ぐための反対売買。「逆指値」のこと。また、すでに発生した損失を確定するのは、「ロスカット」「損切り」。

outline

その2

［チャートを重視せよ！］

大きく儲けるには「トレンド相場」を狙え！

POINT 1 ファンダメンタルズに縛られると大失敗することも！

POINT 2 相場には「トレンド相場」と「レンジ相場」がある

POINT 3 トレンドの中で「いつ」入るか？

POINT 1 ファンダメンタルズに縛られると大失敗することも！

セオリー通りいかないファンダメンタルズ

　まずは、チャートから始める——。先にそう言いましたが、僕は決してファンダメンタルズを軽視しているわけではありません。

　毎朝起きれば、録画しておいたテレビ東京の『Newsモーニングサテライト』を見ますし、ブルームバーグやロイターなどのニュースも欠かさずチェックしています。

　また、国内外の友人とは常に情報交換を密にして、市場の新たなテーマにアンテナを張っています。

　しかし、ファンダメンタルズ分析はマーケット参加者の心理を読むなど、値動きの背景の確認のため。ファンダメンタルズだけでトレードすることはありません。

　なぜなら、**ファンダメンタルズのセオリー通りに相場が動くとは限らない**からです。

　例えば、2016年11月のアメリカ・トランプ大統領誕生後の相場。投開票前までの日本のメディアの論調は「ヒラリー候補優勢」で、「万が一、トランプが大統領になったら100円割れの円高」というものでした。

　しかし、結果はというと、まさかのトランプの当選。そして、トランプラリーが始まりました。

　このときのトレードについては5章で詳しくお話ししますが、僕はトランプ大統領誕

「トレンド相場」に乗っていこう！

●相場は「トレンド相場」と「レンジ相場」の2種類

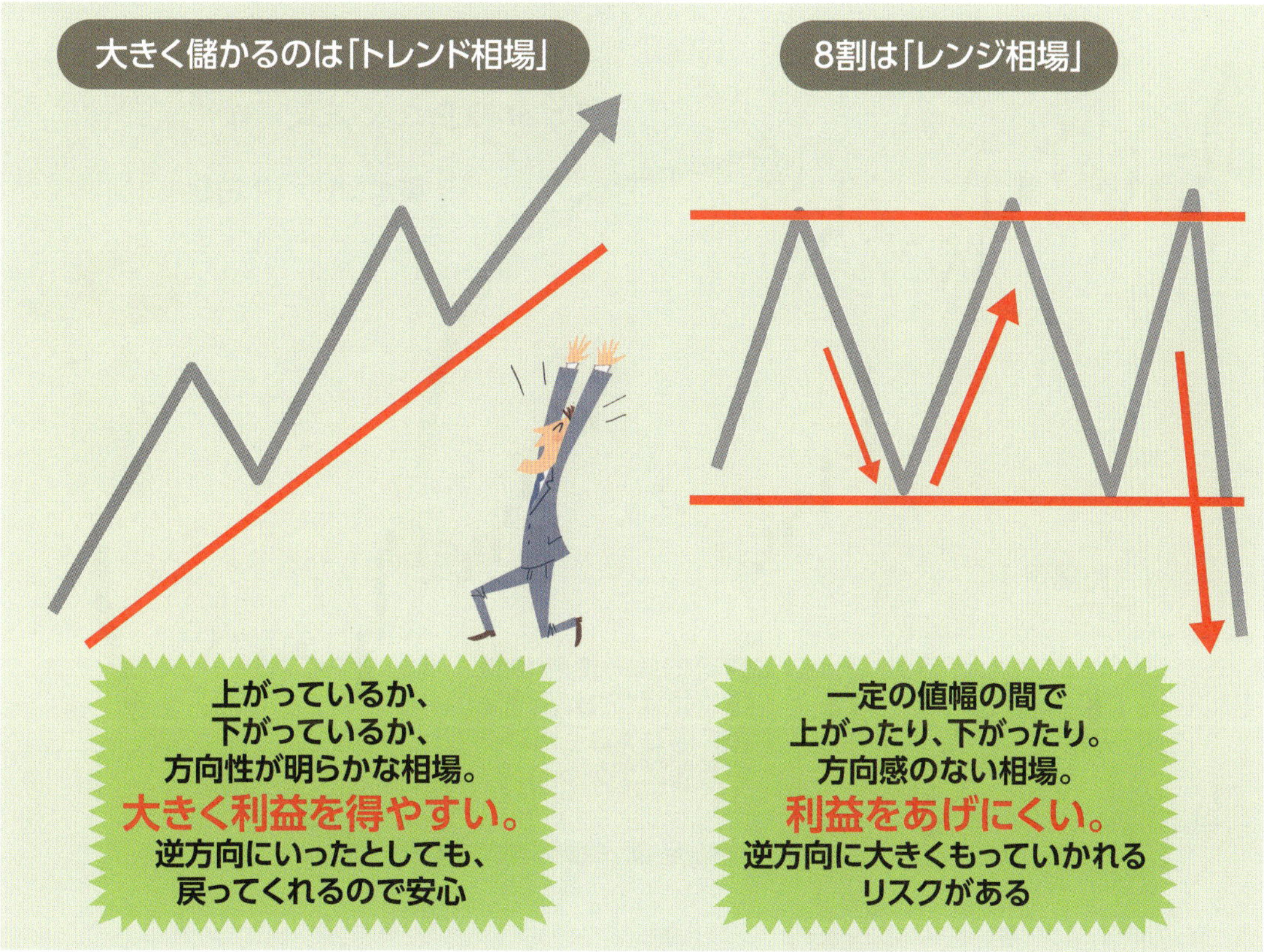
大きく儲かるのは「トレンド相場」
8割は「レンジ相場」
上がっているか、
下がっているか、
方向性が明らかな相場。
大きく利益を得やすい。
逆方向にいったとしても、
戻ってくれるので安心
一定の値幅の間で
上がったり、下がったり。
方向感のない相場。
利益をあげにくい。
逆方向に大きくもっていかれる
リスクがある

生直後から米ドル／円のロング（買い）ポジションを取りました。なぜなら、「チャートが示していたから」です。

チャートが、ファンダメンタルズを先回りすることは珍しくありません。ファンダメンタルズ分析は大切です。しかし、それに固執することなく、**チャート＝事実に従って柔軟に動く**ことがトレーダーには必要なのです。

POINT 2 相場には「トレンド相場」と「レンジ相場」がある

時間軸を落とすとチャートは別の〝顔〟になる

チャートからトレンド探しをしているわけですが、トレンドに乗ると何がいいかといえば、「安く買って高く売る（Buy Low, Sell High）」「高く売って安く買い戻す（Sell High, Buy Low）」がたやすいからです。

しかし、相場は「トレンド相場」と方向感のない「レンジ相場」を繰り返すもので、チャートがきれいな「上昇トレンド」や「下降トレンド」を示すことは稀。

大げさに言えば、**相場の8割は上がったり下がったりの方向感のないレンジ相場**です。

大きなトレンドが出ているときだけトレードをするというのも、ひとつのスタイルでしょう。しかし、それではあまりにトレードチャンスが少なすぎます。

そんなときは、チャートの時間軸を落としてみてください。週足や日足から4時間足、1時間足……とより短期へと

時間軸を変えればチャートの〝顔〟も変わる

●短い期間のチャートに変えてトレードのチャンスを探す

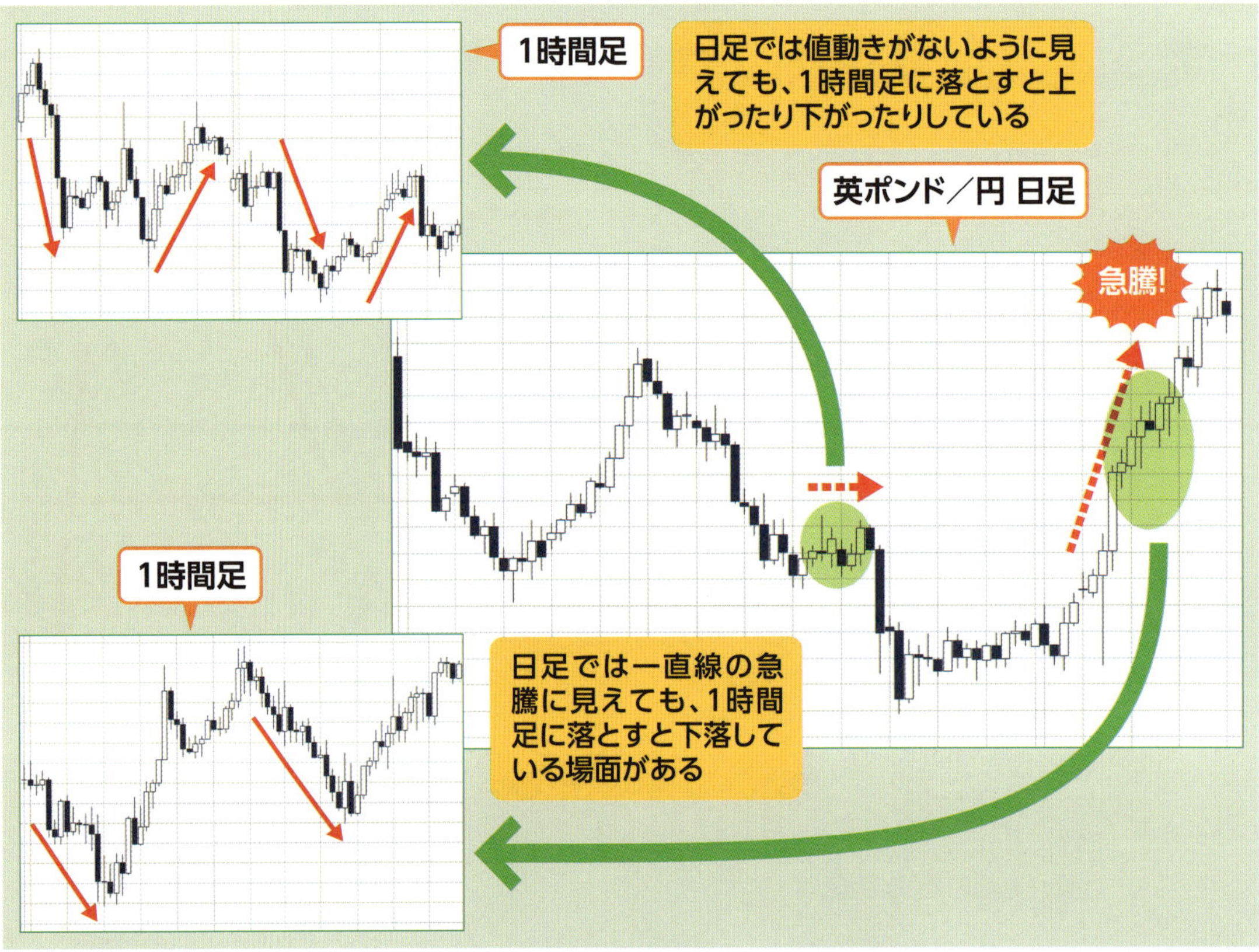

切り替えると、チャートの〝顔〟が変わっているはずです。

日足で見ていたときには、明らかに一定の値幅の中で行ったり来たりしていたローソク足が、トレンドを示していたりします。

長い時間軸で値動きを俯瞰して見ていたのを、時間軸を短くし視野を絞ることで、小さなトレンドをつかまえることができるのです。

POINT 3 トレンドの中で「いつ」入るか？

「押し目」「戻り」を丁寧に拾っていく

アベノミクスやBrexitのように、強いトレンドが出ていれば、多少、エントリーが甘くても、トレンド方向に素直に乗るだけで儲けることができます。

しかし、こうしたマーケットの〝旬のテーマ〟によって動く大きなトレンドは、そうそうありません。

トレンドに乗るとはいえ、「どこで入るか」は丁寧に考える必要があります。

どこで入るか？　**狙うのは上昇トレンド中の「押し目」、下降トレンド中の「戻り」**です。

押し目とは上昇トレンド中の安値、戻りとは下降トレンド中の高値のこと。

押し目や戻りで入れば、ひとつのトレードから効率よく利益をあげることができますし、高値や安値をつかまされることもなくなります。

押し目や戻りを見つける、その具体的な方法については、

「トレンド相場」で丁寧にエントリー

●「押し目買い」や「戻り売り」を狙う

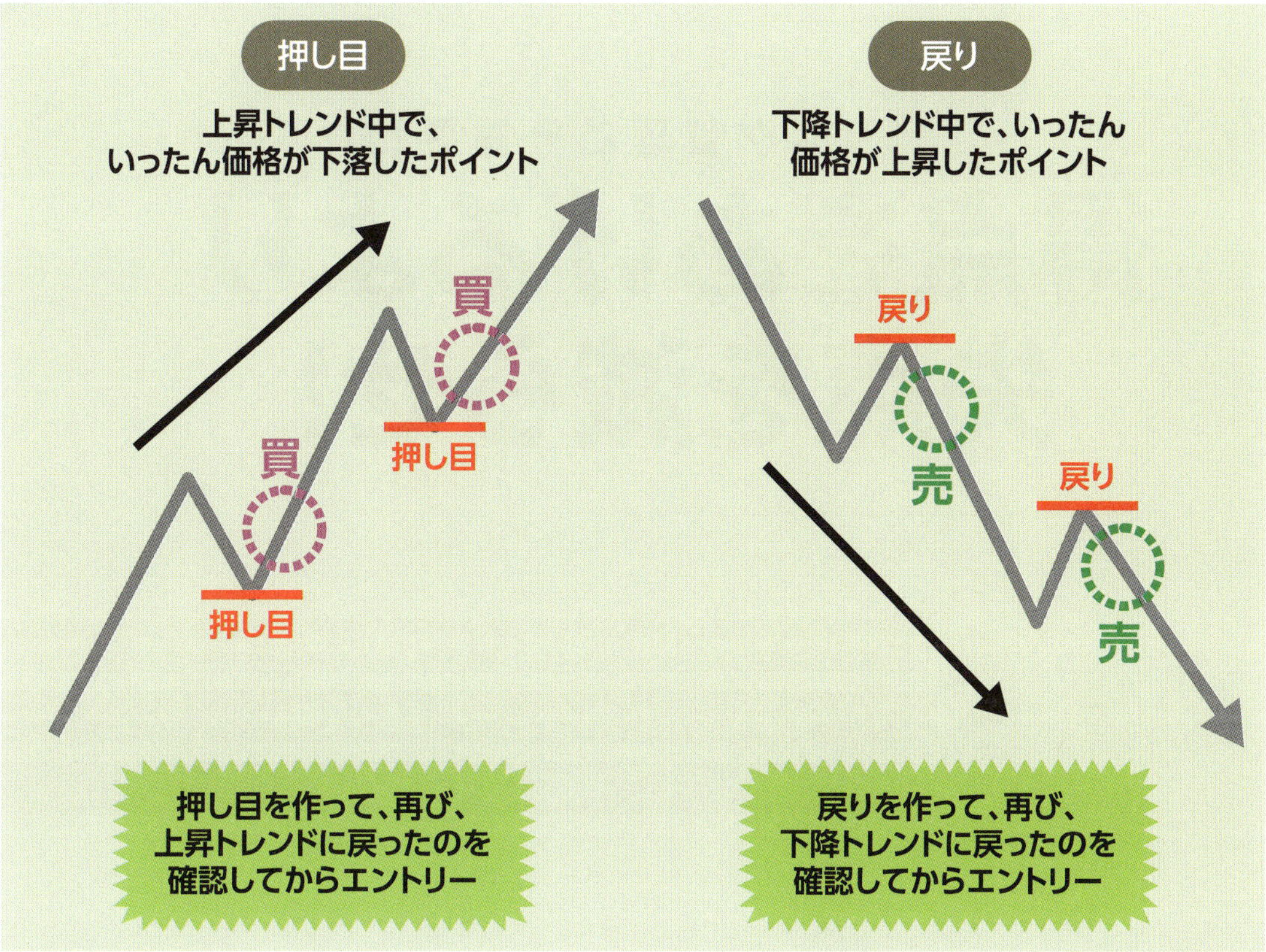

2章にて紹介していきますが、注意してもらいたいことが1点あります。

押し目や戻りをつけたからといって、すぐにエントリーするわけではない、ということです。

エントリーは「押し目」「戻り」を確認してから

トレンド中の押し目や戻りだと思っても、そのまま反転下落、あるいは反転上昇してしまうかもしれません。

ポジションを取るのは、上昇トレンド中なら、押し目をつけて、再び上がっていくのを確認してからです。

下落トレンド中であれば、戻りをつけて、再び下がり始めてからが、エントリーポイントとなります。

丁寧にエントリーポイントを探っていくことで、チャンスを効率よく利益につなげることができるのです。

1章 関連キーワード

トレンド
チャートの谷の安値がひとつ前の谷より切り上がり、チャートの山の高値がひとつ前の高値より切り上がっているのが上昇トレンド。切り下げていると下降トレンド。ここまで厳密に考えずとも、明確な方向性が出ていればトレンド発生中。

時間軸
チャートの時間の設定。「足」ともいう。1日分の値動きをローソク足1本が示し、チャートを形成するのが「日足」、ローソク足1本が1時間の値動きを示すのが「1時間足」。「月足」「週足」は長期的な値動きを見るために使われる。短期的な動きを表す1分足、5分足、15分足などはデイトレーダーやスウィングトレーダーがよく利用する。

outline

その3

［リスク管理こそ重要！］

得点をあげるより失点を減らせ！

POINT 1　「チャート」と「資金管理」、2つのリスク管理

POINT 2　ストップ注文を入れないトレードはありえない！

POINT 3　資金管理をせずに、戦略は立てられない！

POINT 1 「チャート」と「資金管理」、2つのリスク管理

「儲ける」ということを誤解していませんか？

シティバンクに入行して最初に聞かれたことがあります。

「ニシハラ、ポーカーは好きか？」

上司がポーカー好きで一緒に遊ぶ仲間が欲しかったわけではありません。ギャンブルを持ち出すと誤解を招くかもしれませんが、ポーカーもFXも、リスクを取りながら資金を増やしていく勝負事という意味では共通します。ポーカーの経験があればリスクの勘どころはあるだろう——上司の質問にはそんな考えがあったのだと思います。

ギャンブルにたとえるのが適切でないとすれば、企業経営に置き換えて考えてみてください。新規事業に着手し、絶対にイケる！　そう思ったとしても、優秀な経営者ならば、万が一のリスクは必ず考えています。その事業の失敗で会社が傾くような経営戦略は取らないはずです。

どんなに優秀なプレイヤーでも勝率100％ということはありえません。負けはつきものです。その負けをどう抑えるかが、重要なのです。

儲けることへの誤解があるのかなと思うのは、多くの人はたくさん儲けることを考えがちです。しかし、大量に得点しなくても、0点に抑えられたら1点取るだけで勝ちになる。負け、すなわちリスクの管理でFXは勝てるのです。

徹底すべき2つのリスク管理

●値動きは「ストップ注文」で、資金は「取引量」でリスク管理

FXの大前提

相場の先行きはわからない！
いくら儲けられるかはわからない！
でも、損失は自分でコントロールできる

リスク管理なくして、儲かるはずなし！

値動きに対するリスク管理	資金におけるリスク管理
↓	↓
ストップ注文を入れておく	適切な取引量で取引をする

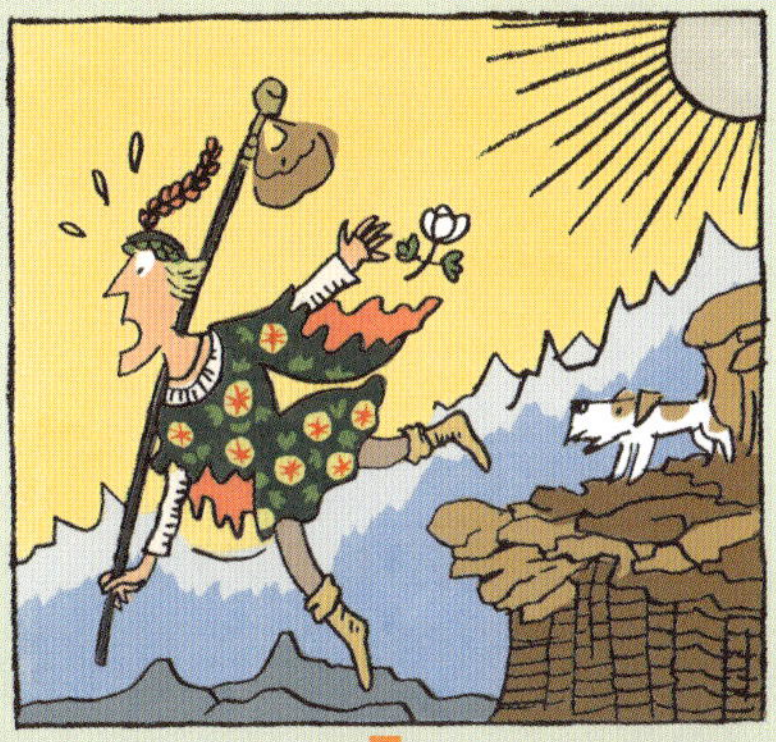

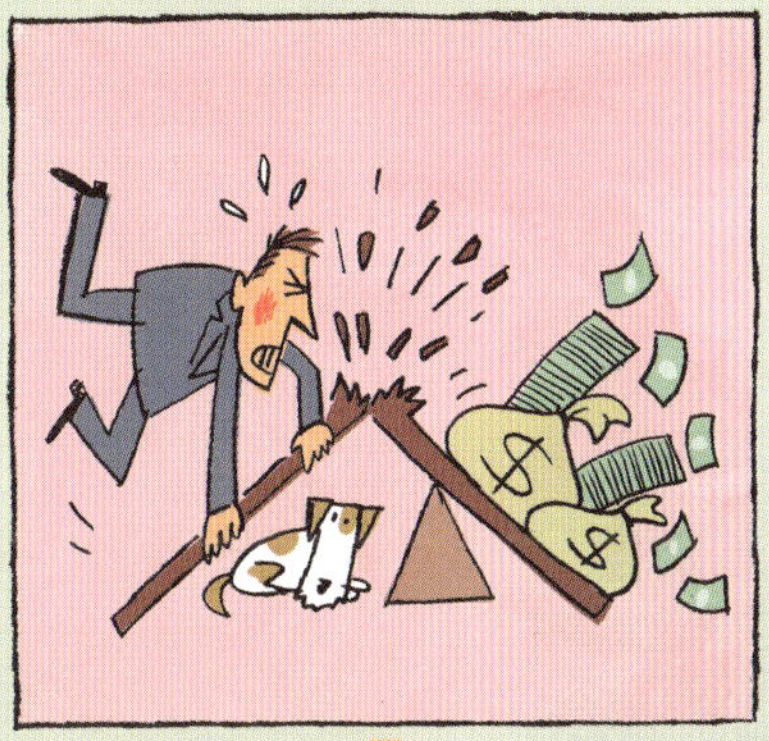

POINT 2

ストップ注文を入れないトレードはありえない！

ポジションを取ることとストップはワンセット

僕は『ザイFX！』から、『FXトレード戦略指令』というメールマガジンをほぼ毎日、配信しています。

そこである日、次のようなメールを配信しました。

「エントリーを考えたのですが、イベントを控えてストップの位置を決めきれず、スクエア（ポジションを持たない状態）のまま」

ある通貨ペアのチャートがいい形をしていたのですが、その通貨では大きなイベントを控えていました。そのため、買ってもイベントによる乱高下でストップがついてしまう可能性を考え、エントリーを見送ろうという判断でした。

僕はエントリーする前に、まずはストップの位置を決めます。逆に言うと、**ストップが決められないトレードはしません**。

FXにおいての**リスク管理には、値動きに対するものと、資金におけるリスク管理**があります。ストップの設定が値動きに対するリスク管理となるのです。

よくセミナーなどで、「損切りができないんです」という相談をいただきます。

人は弱いもので、「明日になれば……」と淡い期待を抱き、自ら損失を確定することがなかなかできません。

銀行の為替ディーラーには上司がいて、含み損が枠を超

エントリーとストップ注文はワンセット

●ポジションを取ったら、必ずストップを入れる

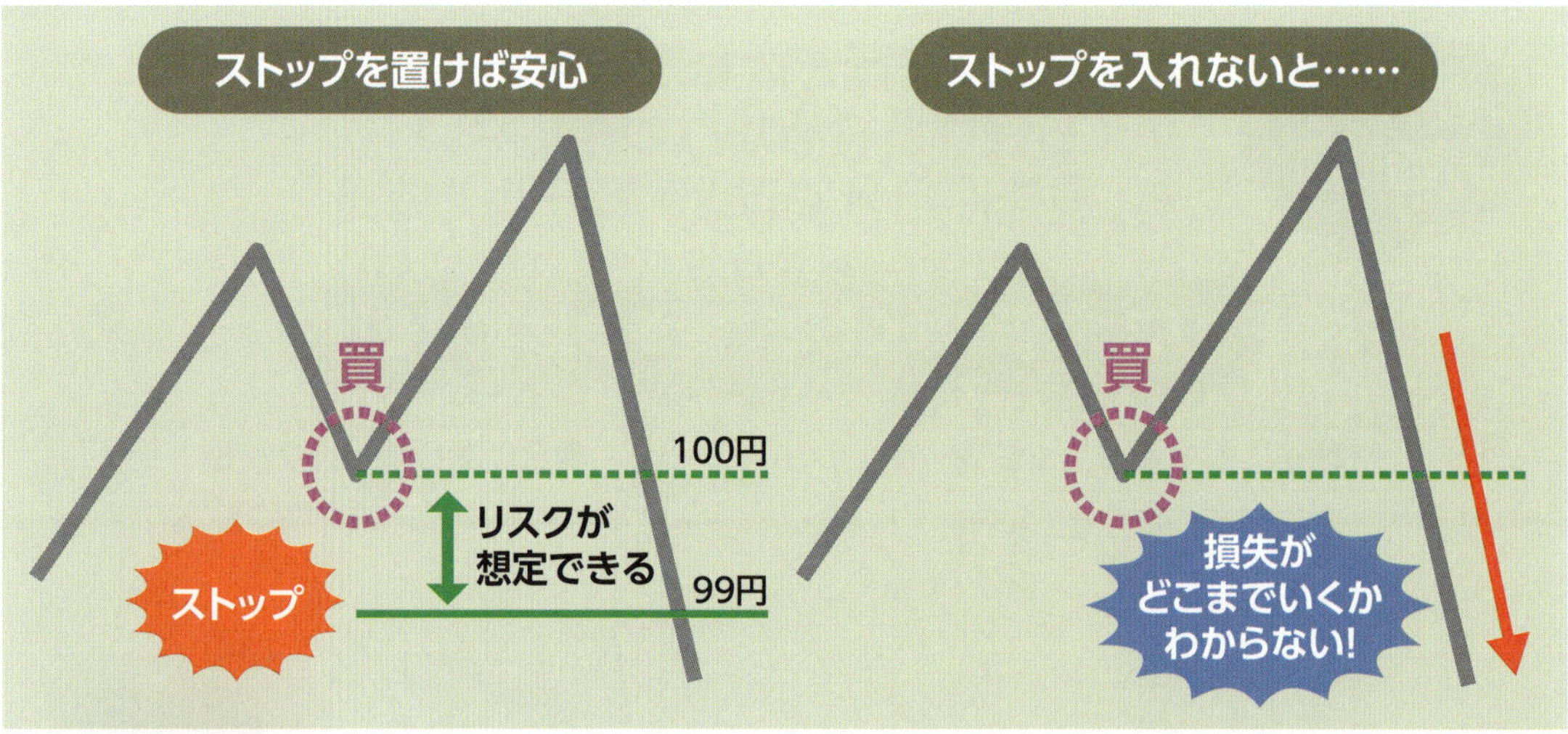

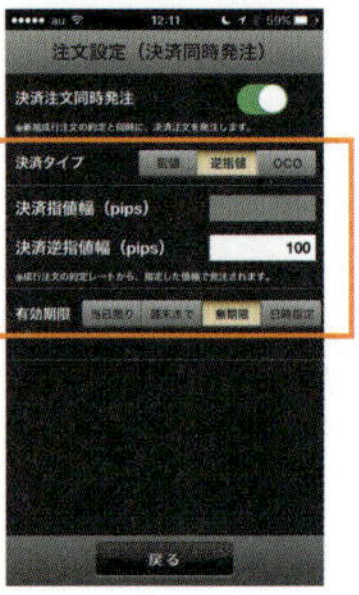

◀自動的に入れられる機能も活用しよう

GMOクリック証券には、新規注文の約定と同時に、逆指値注文を発注できる機能がある（詳細はP137参照）。
「エントリーから100pips離れたところに逆指値」など、任意の位置に設定できるので、万が一、逆指値を入れ忘れても「保険」となる

えたら、否応なしに損切りしてくれますが、個人投資家にはそんなお目付役はいません。

だからこそ、ストップの逆指値注文を発注して、機械に冷酷に切ってもらうのです。

GMOクリック証券のように、事前に設定しておくことで新規注文と同時にストップを自動的に発注してくれる機能があるFX会社もあります。

また、とりあえずストップを置いて、あとで再考してもいい。ポジションを持っているときは、ストップは常に置かれている状態であるべきです。これは今すぐ、習慣にしてください。

POINT 3

資金管理をせずに戦略は立てられない！

ストップが決まるから、取引量も決まる

僕がエントリー前にストップの位置を決めるのは、ストップまでの幅が取引量にも関係するためです。

「いつも、1万通貨でトレードする」と決めている人もいるでしょう。しかし、それではあまり効率的とはいえません。

1万通貨で取引をして、ストップまでの幅が30銭なら損失は3000円です。

しかし、もしストップまでの幅が3円だとしたら、損失は3万円。リスクは大きく変わってしまいます。

取引数量を固定するのではなく、「損失は口座資金の3％」といったように、**損失額を基準に考える**。

そうすると、リスクが常に

最適な取引量でトレードしよう！

●ストップまでの幅で取引量が決まる

①ひとつのトレードで許容できる損失額を決めよう
目安としては、「口座資金の3%」

②ストップまでの距離を確認

③取引量を決定！

例えば……

口座資金100万円 → 1回のトレードで3万円の損失までは許容範囲とした場合

エントリーポイント　1ドル=100.00円のトレードの場合

ストップまで30銭		ストップまで300銭	
1万通貨 3000円の損失	10万通貨 3万円の損失	1万通貨 3万円の損失	10万通貨 30万円の損失
もう少しリスクを取れるはず！			ムリ……

損失額は同じ
ストップまでの幅がタイトなら取引数量を増やせる！

一定となり、口座管理がしやすくなります。

また、「損切りまでの幅が狭いときは取引量を多く」「幅が広いときは取引量を少なく」と柔軟的に考えることができます。

許容できる一定のリスクで、損切り幅が狭いときには取引量が大きくなり、狙える利益も大きくなる。

反対に、損切りまでの幅が広いときには取引量を小さくし、無駄に大きなリスクを背負わずにトレードできます。

損切り幅に応じて、取引量を調整していくことで、取引の効率が上げられるのです。

FXでは「どのくらい稼げるか」を自分で決めることはできません。しかし、「最大、どのくらい負けるか」は、ほぼ、自分でコントロールすることができます。それには、とにもかくにも、ストップの設定なのです。

1章 関連キーワード

取引量

FXで売買をするときの単位はFX会社によって異なる。

例えば、GMOクリック証券の最低取引単位は1万通貨。取引単位をもとに取引金額と必要証拠金の概算が計算できる。

◎取引金額（日本円）＝各通貨ペアの為替レート×取引数量

◎必要証拠金の概算＝取引金額（日本円）÷レバレッジ

西原に聞け!

Q 「こんな人はFXに向いている」という傾向はありますか?

A FXを仕事と捉え1か月単位で収益をまとめられる人です

FXを仕事のように捉えることができる人です。仕事には楽しさや達成感がありますが、うまくいくことばかりではありません。それは、トレードも同じです。損切りは珍しいことではありませんし、避けられないもの。しかし、損切りするたびに、興奮したり熱くなったりして、トレードのリズムを壊してしまう人はFXに向いていません。

常に一定のリズムでトレードを続ける根気を持って、失敗を受け入れ、次に活かせる人は上達していきます。気づいたころには、1〜3か月で見ると収益をプラスにできるトレード力が養われ、結果、「FXに向いている人」になるのだと思います。

成功とは、失敗を繰り返しても熱意を失わないでいられる才能のことである。

Success is the ability to go from failure to failure without losing your enthusiasm.

(ウィンストン・チャーチル/イギリスの政治家・作家)

2章

「トレード戦略」の道具としての「チャート」を学ぼう!

トレード戦略の第一歩は、マーケットを俯瞰して大きな流れを踏まえ、
トレンドをつかまえること。トレンドに乗ったら、転換や反転の兆しを読み解きながら
リスクを避け、利益につなげていきます。
2章では、テクニカル分析を使ったトレンドの見つけ方、
より効率のいいエントリーポイントの探り方を解説していきます。

chart

その1

［チャートを使いこなす！　基礎編❶］

トレンドの確認は「移動平均線」から

POINT 1　シンプルに使える「移動平均線」
POINT 2　パラメータは、「21」「75」「200」
POINT 3　中期の移動平均線が大事！

POINT 1　シンプルに使える「移動平均線」

相場の方向感を一目で教えてくれる

FX戦略を考えるうえでの第一歩は、トレンドを見極めること。それが〝事実〟として表れているのがチャートだとお話ししました。

チャートのテクニカル分析ツールはさまざまありますが、相場の方向感をわかりやすく教えてくれるのが、テクニカル分析の基本中の基本、**単純移動平均線（SMA：Simple Moving Average）**。

移動平均線は、ある一定期間の終値の平均値を結んだ線で、チャートに表示させた移動平均線が、「誰が見ても上向きだろう」という形ならば上昇トレンド。反対に、「誰が見ても下向き」ならば下落トレンド。

その通貨ペアが買われているのか、売られているのか、あるいはレンジ相場にあるのかを、パッと見ただけで教えてくれるのが移動平均線です。

POINT 2　パラメータは、「21」「75」「200」

テクニカル分析の基本「移動平均線」

●方向感を教えてくれる移動平均線

単純移動平均線は過去○本分の終値の平均を結んだライン

例えば、日足の5移動平均線は、直近過去5日分の終値の平均

1日目	2日目	3日目	4日目	5日目
100円	115円	120円	115円	120円

この5日間の終値の平均は114円。同様の計算を毎日繰り返し、つないだのが単純移動平均線（SMA）

◎西原のパラメーターは3本「21」「75」「200」

多くの人が使えば、それだけ節目になりやすい

移動平均線を紹介すると、必ず聞かれることがあります。「パラメータはどう設定しているのですか？」

最終的には個々人の好みなので、いろいろ試してみてほしいのですが、僕が使っているのは3本。**「21」「75」「200」に設定した移動平均線**です。位置付けとしては、「21」が短期、「75」が中期、「200」が長期ということになります。

どうして、その数字なのかというと、**「多くの人が使っているのが、この数字だから」**というのが、もっともシンプルな答えになります。

多くの人が利用していれば、その分、相場の節目になりやすくなります。移動平均線は、マーケットの"目線"を見るものですから、多くの人と同じ眼差しのほうがいい。だから、「21」「75」「200」という設定なわけです。

長期の移動平均線として注目している200日線は、約1年間の営業日である過去200日の平均値となります。

また、この200日線は移動平均線分析の第一人者であり、「グランビルの法則」で知られるジョセフ・グランビルがもっとも好んだパラメータだそうです。

21は、中途半端な数だと思うかもしれませんが、「フィボナッチ数列」のひとつです。フィボナッチについてはあとで解説しますが、これもまた相場で意識される数字です。

ただし、有効なパラメータや分析方法は変わっていくものです。移動平均線に限らず、テクニカル分析は、自分で検証してみて、「使える」と判断したものを使うのがベストだと思います。

移動平均線で大局を読み解く

●トレンドの確認は、長期移動平均線とローソク足の位置関係を見る

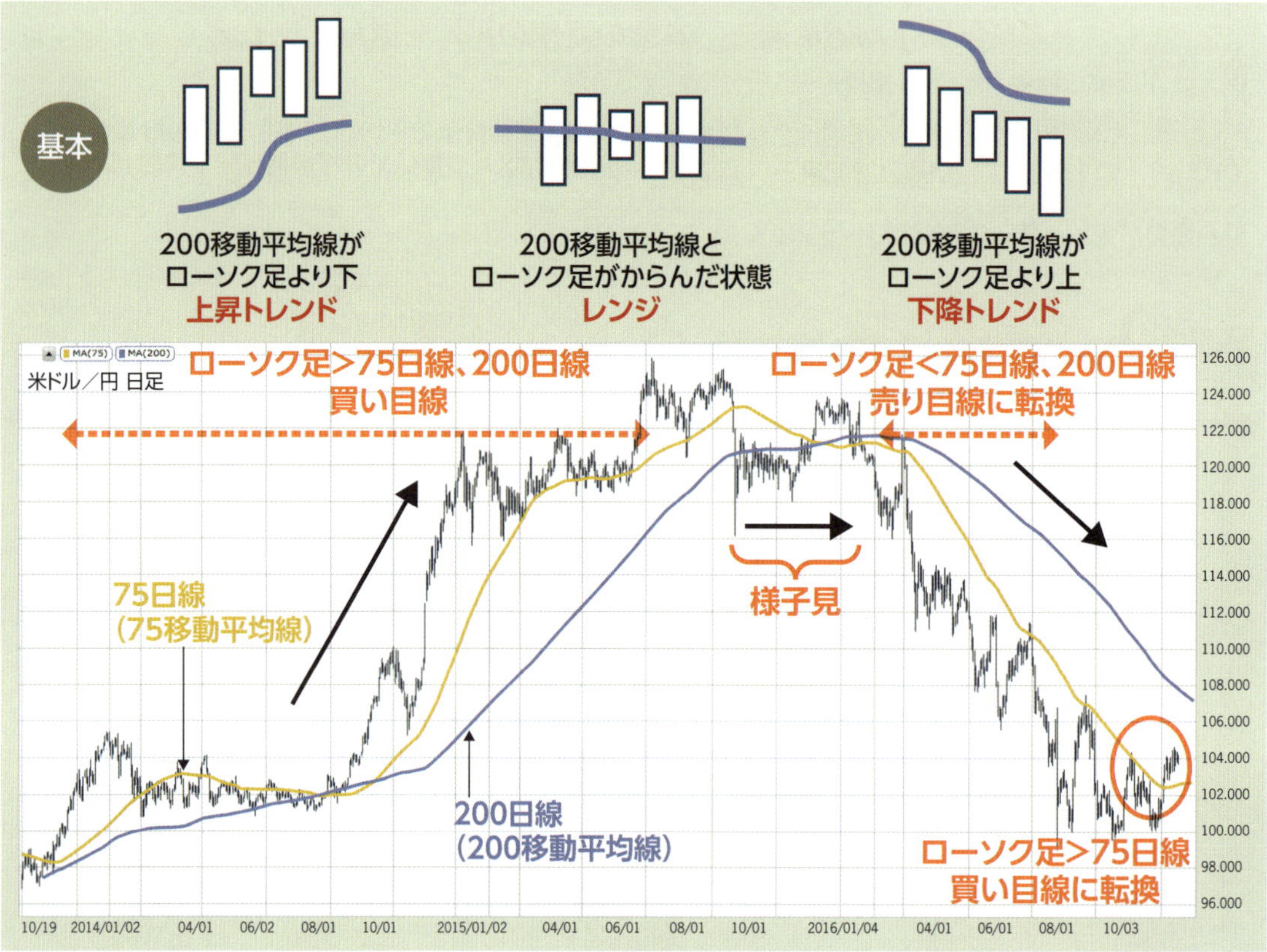

POINT 3

中期の移動平均線が大事！

ローソク足と移動平均線の位置関係を見る

さて、3つの移動平均線ですが、まずチェックするのは、移動平均線とローソク足の位置関係。「**ローソク足が移動平均線より上にあるか、下にあるか**」です。

日足のチャートに示した200線は、長期の移動平均線でマーケットの大局を教えてくれます。**ローソク足が200日線より上にあれば、基本的には買い目線**だということになります。

逆に、**ローソク足が200日線より下にあるようでしたら、売り目線**。

あまり強いトレンドが出ていないときは、ローソク足は200日線をはさみながら上下にウロウロします。方向感のない勝ちにくい通貨ペアにわざわざ手を出す必要はなく、「しばらく様子を見よう」という判断ができるわけです。

長期SMAで大局を中期SMAで節目を判断

ただし、200日線など期間が長い移動平均線は、ローソク足の動きから遅行します。

トレンドが始まっても傾きをなかなか変えないし、ローソク足から離れた位置にあることも多いため、上抜け・下抜けに時間がかかることも少なくありません。

そこで、より**早くトレンドの発生や転換を見極めるために、中期の移動平均線である**

75移動平均線の動きに注目

●中期：75移動平均線で節目をチェック

●長期移動平均線と直近の値動きが逆のときは、中期移動平均線を確認!
◎75移動平均線も200移動平均線と同じ ⇒ トレンド継続

●中期移動平均線は、サポートやレジスタンスになりやすい

●ローソク足が中期移動平均線を抜ける ⇒ トレンド転換?

75日線を使うのです。

「ローソク足が200日線を下回っていて下降トレンドのように見える。が、足もとでは上げている」といったとき、「75日線を上回っているかどうか」が、戦略を考えるヒントとなります。

75日線を上回ることなく推移してくれれば、「200日線で見れば下降トレンドだし、75日線を上回っていないから再び下降してくるだろう」といった判断ができるのです。

日足で説明してきましたが、週足でも見方は同じです。

週足で見る75や200のラインは非常に長期のラインとなります。ローソク足が抜けるのにも、長い時間が必要となります。抜ければそれだけインパクトは大きいのですが、日々変わるものではありません。**急騰・急落したとき以外は、週に1回、確認する程度でよい**でしょう。

2章 関連キーワード

移動平均線

本書でいう移動平均線は、「単純移動平均線（SMA）」。一定期間の終値の平均値をつなぎ、ライン状に表示させたもの。もっとも基本的なテクニカル分析で、利用する人も多く節目になりやすい。移動平均線には他に、直近の価格に重点を置いた加重移動平均線（WMA）や指数平滑移動平均線（EMA）などもある。

パラメータ

テクニカル分析の計算式に入力する数字のこと。日足の移動平均線のパラメータを21にすれば過去21日の平均となるし、200を入力すれば過去200日の平均となる。同じテクニカル分析でも、パラメータの違いによって反応は大きく変わる。

chart

その2

［チャートを使いこなす！　基礎編❷］

MACDで押し目や戻りを探る！

POINT 1　4時間足と1時間足で押し目を探る

POINT 2　パラメータは、「8・17」「9」

POINT 3　日足のMACDで過熱感を見る

POINT 1 4時間足と1時間足で押し目を探る

時間軸を下げて、クロスをチェック

「米ドル／円は移動平均線が明らかに上昇方向を示している！」と、トレンドを見つけたとします。

次に何をするかというと、「どこで入るか」の検討です。

上昇トレンドならば、高値を買わずに、押し目を拾う。下落トレンドなら、安値を売らず、戻りを売るということです。

そこで、チャートにテクニカル分析**「MACD」**を加えていきます。

テクニカル分析には、大きく分けて、相場の流れを読み解く「トレンド系」と、買われすぎ・売られすぎを測る「オシレーター系」の2種類があります。**MACDは移動平均線と並ぶ「トレンド系」の代表格**。Moving Average Convergence Divergenceの略で、もともとは移動平均線をアレンジしたものです。

MACDは、「MACD」と「シグナル線」の2つの線と、この2本の線の差を示すヒストグラムで構成されています。

基本的な見方は、**MACDがシグナル線を下から上へ抜けるゴールデンクロスになっていたら「買い」**のサイン。

MACDがシグナル線を上から下へ抜けるデッドクロスだったら「売り」のサインというものです。

これを、押し目や戻りを探

移動平均線をアレンジした「MACD」

●MACDの基本的な使い方

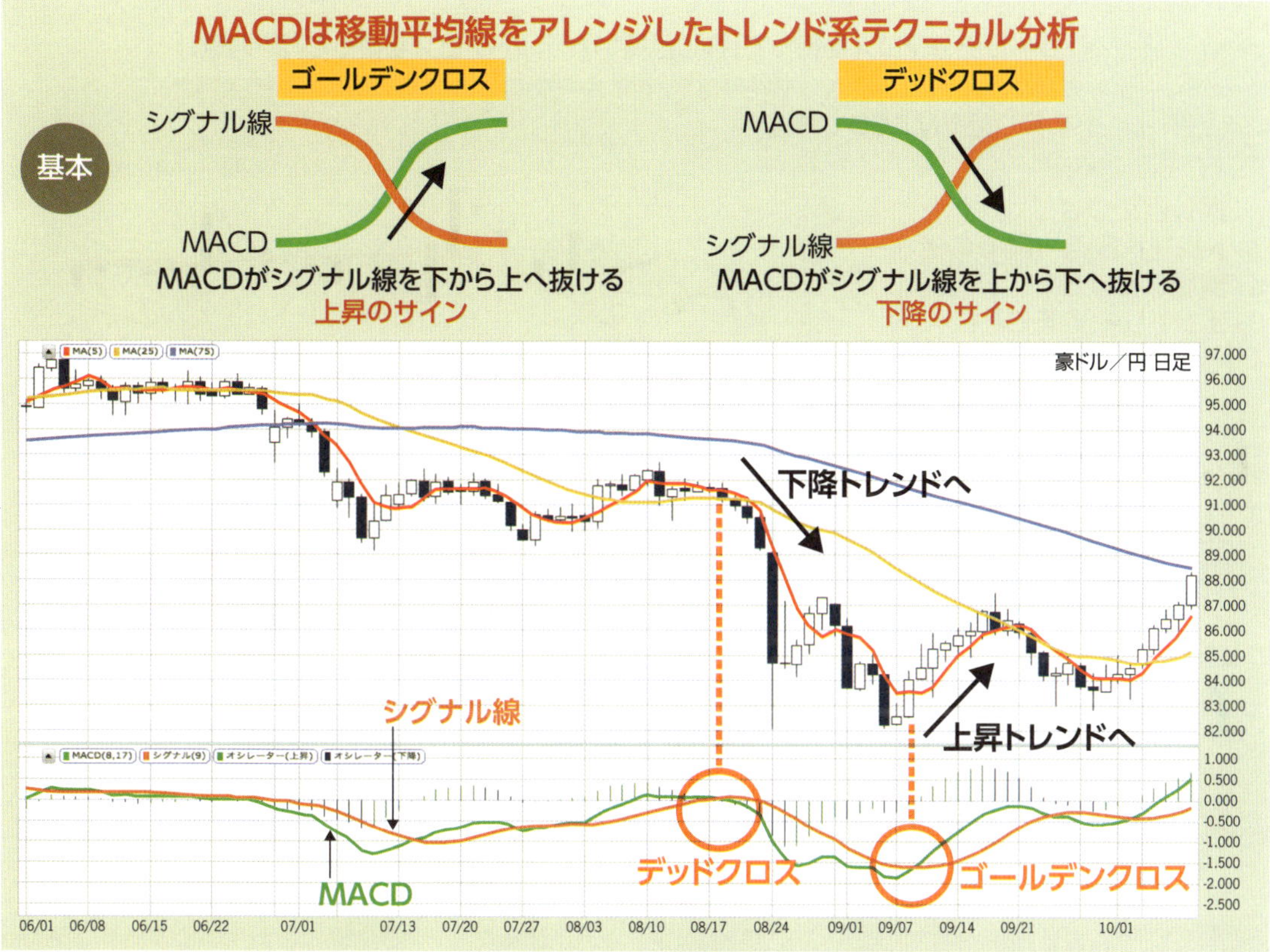

すのに活用するのです。

日足を見て、上昇トレンドだと判断したとします。ただし、高値は買いたくない。そこで、チャートを4時間足や1時間足へと切り替えるのです。すると、日足では見えなかった、値動きの小さな山や谷が見えてきます。

1時間足のMACDがゴールデンクロスすれば、押し目の下落が終わって、再び上昇トレンドが始まる可能性が高いと考えられます。そこで、「1時間足のMACDでゴールデンクロスを待って買おう」という戦略が立てられるわけです。

POINT 2 パラメータは、「8・17」「9」

スピード感優先のディナポリ設定

MACDのパラメータは、通常はMACDが「12・26」、シグナル線が「9」というのが一般的だと思います。でも、僕の設定は少し違います。

アメリカの著名投資家であるジョー・ディナポリに倣って、**MACDを「8・17」、シグナル線を「9」と、数値を短く設定**しているのです。

一般的にテクニカル分析のパラメータを短くすると、シグナルがより早く出るようになります。が、その反面、ダマシが多くなります。

ダマシとは、「上昇シグナルが出たのに下がった」「下落シグナルが点灯したのに上がった」といったシグナルの誤りです。

より信憑性の高いシグナル

「どこで入るか?」を教えてくれるMACD

●MACDでエントリーポイントを探す

●ゴールデンクロスを待って「押し目買い」、デッドクロスを待って「戻り売り」

◎上昇トレンドの押し目をMACDで探す

を求めるのか？　敏感さを重視するのか？　トレーダー一人ひとりの好みやスタイルがあるものです。

POINT 3 日足のMACDで過熱感を見る

高値づかみ・安値づかみを避けるために

ＭＡＣＤは時間軸を落として押し目や戻りを見るだけでなく、日足で使う場合もあります。トレンドの行きすぎ、過熱感を見たいときです。

テクニカル分析の中でも、買われすぎ、売られすぎを示すのはオシレーター系のテクニカル分析。先ほど、ＭＡＣＤはトレンド系のテクニカル分析の代表格と説明しましたが、オシレーター的な使い方もできるのです。

移動平均線などが明らかに

パラメータの設定は、やはり実際にいろいろと自分で試してみて決めるのがいいでしょう。

上昇トレンドを示している中、日足でＭＡＣＤにデッドクロスが出たとします。

このとき、「上昇トレンドは継続するかもしれないけれど、目先の天井をつけた可能性がある」と考えるのです。

いったん反転することも考えられますから、買いポジションを持っていたら、一部を手仕舞い（決済の売り）することもあります。

下落トレンドの途中に出たゴールデンクロスも同様に、「下降トレンドは続くだろうけれど、目先では底をつけたのかも」と解釈。

MACDのオシレーター的な使い方

●日足のMACDでトレンドの過熱感を測る

日足の移動平均線とMACDのシグナルが逆を示したときは、トレンドの行きすぎに注意!

- 移動平均線が上昇トレンド × MACDがデッドクロス ⇒ 目先の天井か?
- 移動平均線が下降トレンド × MACDがゴールデンクロス ⇒ 目先の底か?

売りポジションを持っていたら縮小します。

テクニカル分析で客観的な視点を

僕自身は実は、値が上がりだしたら、ドンドン買っていってしまうタイプです。

テクニカル分析は、そんな僕の欠点を抑え、客観的な視点を与えてくれるのにとても役に立っています。

ここではMACDを解説しましたが、トレンドの行きすぎ、過熱感を教えてくれるオシレーター系のテクニカル分析はとても参考になるので、次項で改めて解説します。

2章 関連キーワード

オシレーター系

テクニカル分析の分類で、トレンドの方向性やその強さのヒントとなるのが「トレンド系」。一方、相場の強弱を示すのが「オシレーター系」だ。一定の範囲内で振り子のように動き、「売られすぎ」「買われすぎ」を視覚的に教えてくれる。

ジョー・ディナポリ

アメリカの著名な投資家。そのキャリアは40年以上で、為替ばかりでなく、株式や株価指数、コモディティなどのトレードも手がける。さまざまなトレード手法を編み出し、とくにフィボナッチ数列の活用はユニークかつ実践的。

chart

その3

［チャートを使いこなす！　応用編❶］

オシレーターがトレードを変える！

POINT 1 オシレーター系テクニカル分析がなぜ必要か？

POINT 2 RCIは「52」「26」「9」の3本で見る

POINT 3 順バリエントリーならウィリアムズ%R

POINT 1 オシレーター系テクニカル分析がなぜ必要か？

なぜか、いつも高値・安値をつかむ人に

トレンドをつかんでいたとしても、相場が過熱したときに入ると、おもしろいようにやられてしまいます。

移動平均線はトレンドをわかりやすく教えてくれますが、移動平均線だけを見ていると高値や安値をつかみがちです。

こうした高値買い・安値売りを避けるために便利なのが、オシレーター系のテクニカル分析です。**オシレーターは相場の過熱感を過去の局面と比較し、数値で示してくれるツール**で、一般的には逆バリ向きの指標だとされています。

しかし、それを逆転させて使うのです。

「自分が買うと相場が下がり、売ると相場が上がる……」といった感覚を持っている人は、ぜひ、オシレーター系のテクニカル分析をチャートに加えてみてください。

その種類は「RCI」「RSI」『ストキャスティクス』などさまざま。

以降で、RCIとウィリアムズ%Rを紹介しますが、よほど特殊なものでない限り、「これが正解」ということはありません。僕自身は、RCIとチャート分析の第一人者、トム・デマークによるTD-REIをメインで使っています。その活用方法に大きな違いはありませんので、自分のフィーリングにあったものを見つけてください。

種類さまざま、オシレーター系指標

●相場の“熱”をオシレーターでチェック!

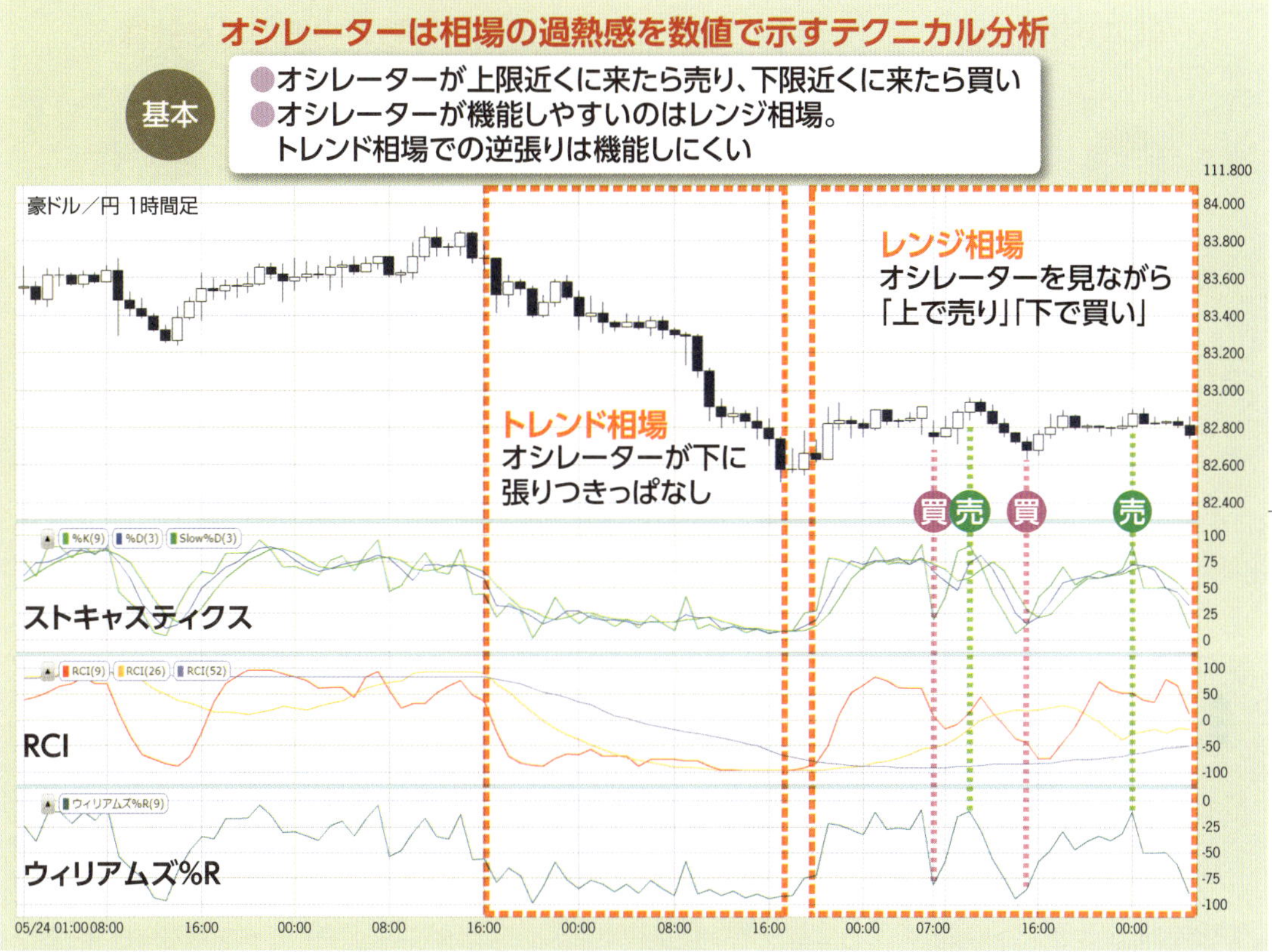

POINT 2

RCIは「52」「26」「9」の3本で見る

「52」「26」は天底にあり、「9」のRCIが動いたら

ビジュアル的にわかりやすいので、僕がよくオススメしているオシレーター分析が、**RCI（Rank Correlation Index）**です。

RCIは、その位置と方向で相場の流れと強弱を教えてくれるテクニカル分析で、プラス100％に向かっていくと上昇トレンドで、**80％を超えると天井圏**。

マイナス100％に近づき下がっていくと下降トレンドで、**マイナス80％を下回ると底値圏**と判断するのが基本的な見方です。

では、僕自身はどう使っているかというと、**長期「52」、中期「26」、短期「9」の、パラメータの異なる3本のRCIを同時に表示**し、押し目や戻りのヒントとしています。

長期RCIは動きが緩やかで、天底に張りつきやすく、短期RCIは敏感で大きな動きをします。長期に加え中期も天井や底付近に張りついていたら「かなり確かなトレンドだ」と見ることできます。

そこに短期も天井や底に揃ったら、これは「売られすぎ」「買われすぎ」のサインとなります。

もちろん、まだここではエントリーはしません。短期「9」のラインが動き出すのを待つのです。

中期・長期のラインは変わらず天井圏にあり上昇トレン

押し目、戻りの目安は「RCI」

●3本のRCIの動きをチェックする

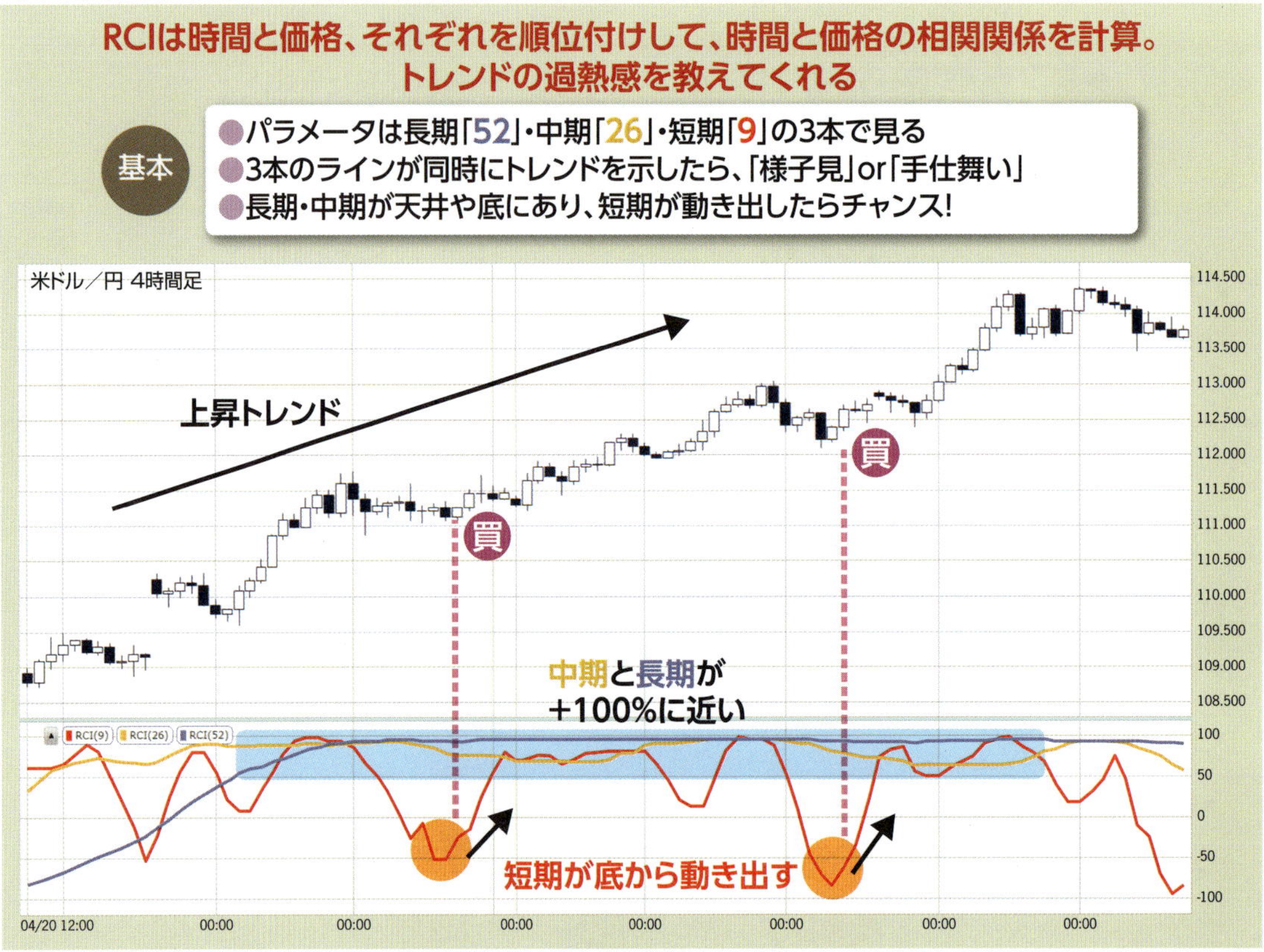

RCIは時間と価格、それぞれを順位付けして、時間と価格の相関関係を計算。
トレンドの過熱感を教えてくれる

ドを示している。**そこで短期がいったん底に向かって、再び上がってきたときが上昇トレンド中の押し目。**買いのタイミングとなります。

逆も同様で、中期・長期のラインは変わらず底値圏にあり下降トレンドを示していて、短期が上に向かって、再び下がってきたときが下降トレンド中の戻り高値。売りのチャンスとなるわけです。

また、すでにポジションを持っているときなどは、**3本のRCIが天井や底に揃ったのを確認し、手仕舞い**することもあります。

相場が過熱したとき、逆への動きがいっきに進むケースがあるからです。オシレーター系のテクニカルはこうした使い方もできるのです。

POINT 3 順バリエントリーならウィリアムズ%R

順張りエントリーのポイントを%Rで決定

オシレーター系テクニカル分析の中でも、シンプルに使えるのが「ウィリアムズ%R」。当代きってのトレーダーとして名を馳せるラリー・ウィリアムズが開発したオシレーター系指標です。

その見方や使い方の基本は、他のオシレーターと同じです。

%Rはゼロからマイナス100までの間を推移します。**%Rが上端のゼロに近づいたら買われすぎなので売り。**下端のマイナス100に近づいたら売られすぎで買いを示唆するシグナルとなります。

強いトレンドが続いたとき

シンプルに使える「ウィリアムズ%R」

●マイナス5より上か、マイナス95より下か

ウィリアムズ%Rは、その時点での価格が値動きの中のどの位置にあるかを示す

基本
- パラメータの設定は「34」
- %Rが−95を下回ったら買いサイン。−5を上回ったら売りのサイン

には、上端や下端に張りつきやすい傾向があるのも、その他のオシレーターと同様です。

ただ、%Rは値動きへの反応が敏感かつ頻繁に方向を変えるという特徴があります。そのため%R単体で使っていると振り回されがちです。

%Rを活用するのは、その日の見通しとして「押し目買いでいこう」「今日は戻り売りだ」と決まっているとき。**押し目買い方針なら、%Rが「マイナス95」を下回ったときには売られすぎなので買い。戻り売りなら、「マイナス5」を上回ったときが買われすぎなので売りの目安**となります。

%Rはたった1本のラインだけで押し目、戻りを判断できます。シンプルに使えるため、スマホなどの小さなチャートでも素早く感覚的に判断しやすく、初心者でも扱いやすいのではないでしょうか。

2章 関連キーワード

RSI

前日終値（または前週終値）に比べて、いくら上昇（あるいは下落）したかをもとに計算される。

ゼロから100の間を動き、ある一定期間中の価格がすべて前日に比べて上昇すれば、RSIの値は100、すべて下落すればRSIの値はゼロとなる。RSIがゼロ、あるいは100に近づいたら、「逆の動きに注意」と考える。

ストキャスティクス

ストキャスティクス（Stochastics）は、当日の終値が、過去の高値・安値に対してどのような位置にあるかを数値化したテクニカル。「%K」「%D」「%SD」という3つの指数で構成される。

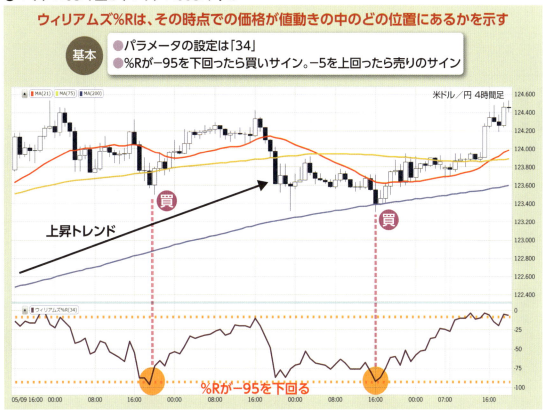

chart

その4

［チャートを使いこなす！　応用編❷］

IMMでトレンドの始まり、過熱感を予想する

POINT 1 買いたい人がどのくらいいるのか？

POINT 2 IMMはトレンドの転換がわかる！

POINT 3 3日前の情報なのでタイムラグに注意

POINT 1 買いたい人がどのくらいいるのか？

通貨先物市場の動きで人気の通貨をチェック

チャートのテクニカル分析とは少し違いますが、**「IMM（International Monetary Market）」**も、トレンドの過熱感や初動、転換を知るヒントとなります。

IMMとは、アメリカのシカゴ・マーカンタイル取引所（CME）で取引される通貨先物市場のことで、IMM市場の参加者がどんなポジションを持っているか、週1回発表されています。

IMMを見れば、「円がどのくらい買われているか」「ユーロの売りは前週からどのくらい増えたのか」を、数字で知ることができるのです。

少々、ややこしいのが、IMMのポジションは「円ロング○枚」「ユーロショート○枚」といったように通貨単体で示されていて、**すべて「対米ドル」での取引**だということ。

FXだと「米ドル／円のロング」は、「円売り」取引ですが、IMMの場合、「円ロング」とあれば、「円買い」取引となるので、気をつけてください。

IMMの市場規模は、為替市場全体から見ると、決して大きいものではありません。しかし、取引が相対で行われる為替市場には、全体の取引動向を示す指標がありません。そのため、**IMMが市場全体の動向を示す**指標として利用

先物市場で通貨の人気を見る

●週末にチェックしたいIMM

**シカゴIMM通貨先物ポジションとは、
シカゴのマーカンタイル取引所で取引される、通貨の先物取引**

- IMM参加者は「シカゴ筋」と呼ばれ、短期投機筋の代表格
- 毎週金曜日の取引終了後に火曜日時点のポジションが報告される
- 投機的なポジションが示され、トレンドの過熱具合、転換を確認できる

IMMで注意すべきは、
このフレーズ！

過去最高

○年ぶりの
水準

IMMのポジションが
膨れ上がると
トレンドは過熱気味！
「反転」に注意

されていて、注目を集めているのです。

POINT 2 IMMはトレンドの転換がわかる！

たまったポジションの巻き返しに注意！

具体的に、IMMの情報をトレードにどう取り入れるのか？　**気をつけるべきは、「過去最高」「○年ぶりの水準」というフレーズ**です。

米ドル／円のトレードでIMMが役に立った例を紹介しましょう。

2016年4月、IMMでの円ロングは7万1870枚でした。過去最大の枚数です。

IMMの円ロングはつまり、米ドル／円の売りポジション（米ドル売り／円買い）。このときの米ドル／円は1月末121円から107円まで下落していました。

ただし、「過去最大規模まで、円が買われた」ということは、買いたい人はほとんど買ってしまったでしょうから、この先、新しい円の買い手は登場しにくい。

それどころか、すでに円を買った人は「いつ利益を確定しようか」と手ぐすね引いているかもしれません。

IMMで、円の買い手が利益を確定するということは、円を売る取引になります。

つまり、「IMMの過去最大の円ロング」は、米ドル／円の下降トレンドがいったん反転する可能性に気をつけないといけない！というシグナルになるのです。

実際に過去最大に膨れ上が

IMMのポジションとFXの関係

●IMMで見る米ドル／円のトレンド

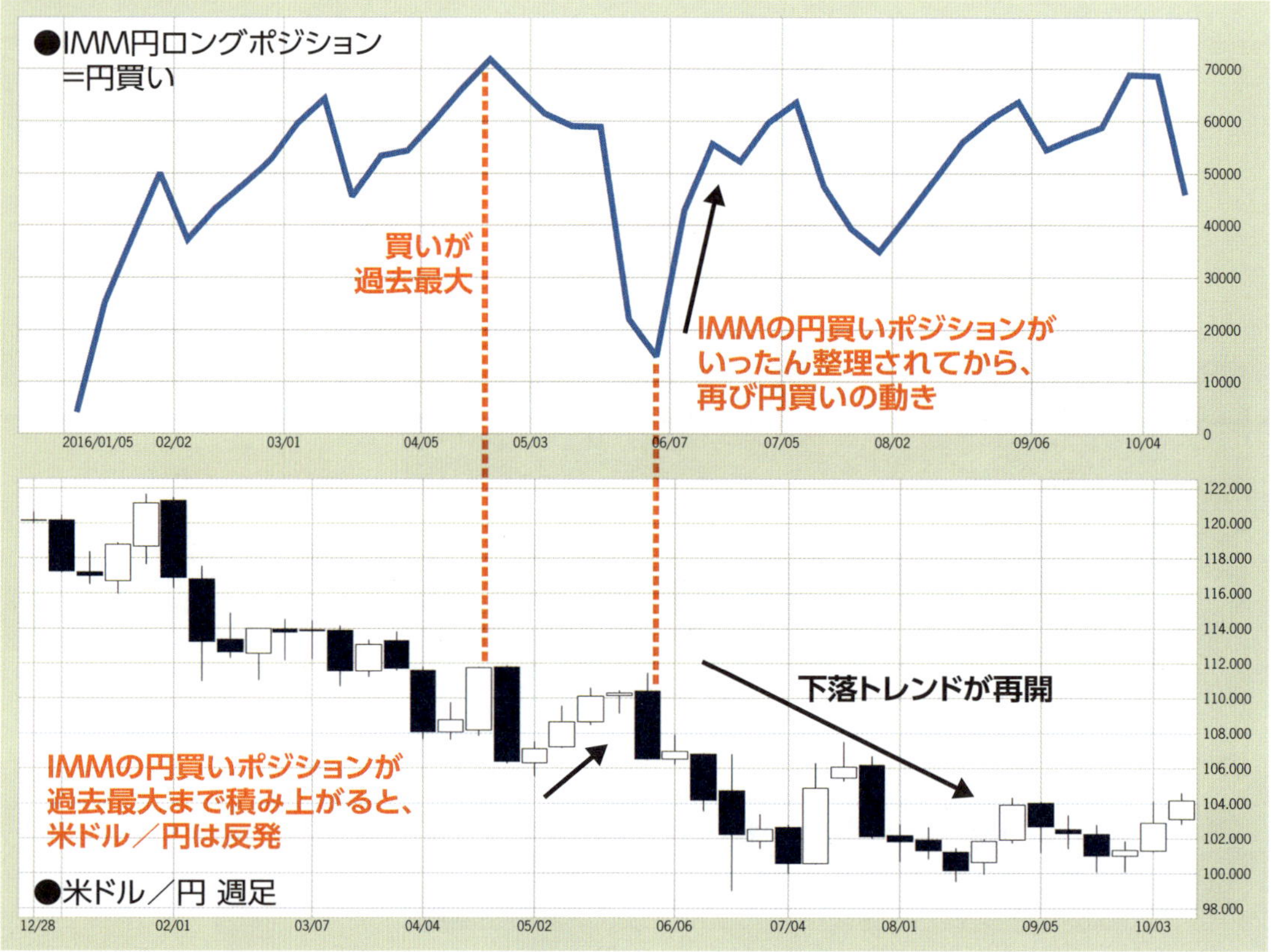

った円ロングの巻き戻しが始まると、１０７円から１１１円まで４円幅の反発が起こりました。

「円売りトレンドが起きているな」と思ったら、ＩＭＭを確認してみましょう。

そこで過去の数字と比べてみて円ショートが膨れ上がっているようなら、トレンドがいったん反転する可能性があります。

このとき、「円を売るのはＩＭＭの円ショートが減ってからにしよう」と考えることができるわけです。

反対に、米ドル／円にトレンドが出ていながら、ＩＭＭのポジションが過去の水準と比べ、目立って多いわけでないようであれば、トレンドはまだ序盤。早くにトレンドに気づくことができたということかもしれません。

POINT 3

３日前の情報なので タイムラグに注意

ファンダメンタルズの変化には対応できない

とても参考になるＩＭＭですが、欠点もあります。まずひとつは、**実際の市場の動きに対してタイムラグが大きい**ことです。ＩＭＭポジションが集計されるのは火曜日で、発表されるのは金曜日。日本時間では、土曜日の朝です。

水曜日から金曜日の間に相場が変動し、大きくポジションが変わっていても反映されません。火曜日時点のポジションを土曜日に知るわけですから、３日前のポジションを見ていることになります。

IMMを参考にするときにはココに注意

●IMMには2つの欠点がある

デメリット
- IMMにはタイムラグが大きい
  IMMポジションの集計は毎週火曜日、発表は金曜日
- IMMはファンダメンタルズの変化に対応できない

◎2016年6月のBrexit後、IMMのポンド

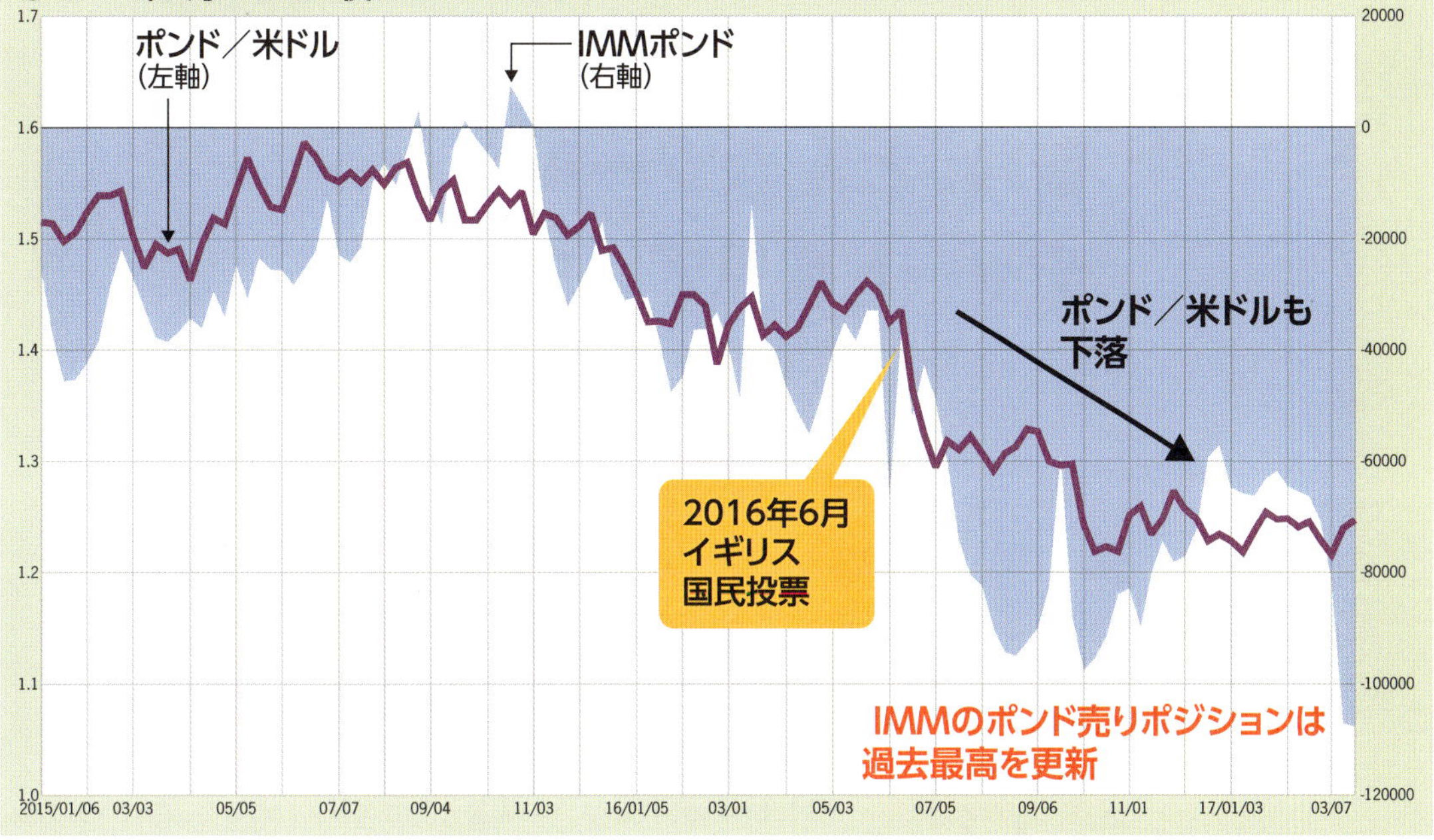

もうひとつは、ファンダメンタルズなどに大きな変動があったときには、過熱感が続いたまま推移することがあるということです。

Brexit後の英ポンドは、ショート（英ポンド売り）が過去最高に積み上がりました。通常ならば、英ポンド売りの巻き戻しで大きな反発がありそうなものですが、IMMは過去最高を更新し続けるとともに、英ポンドの下落も続きました。

オシレーター系テクニカルの欠点と似ていますが、ファンダメンタルズに大きな変化があったときには、IMMは当てにならない場合があります。

IMMの発表は週1回、週末です。日々確認する必要はありませんが、時間に余裕のある週末に「今のIMMはどうなっているだろう」と見ていくといいでしょう。

2章 関連キーワード

通貨先物

原油や小豆などの商品と同じように、米ドルやユーロといった通貨も取引所に上場され、先物として取引される。アメリカのシカゴ・マーカンタイル取引所（CME）の通貨先物市場が有名で、ここで行なわれている通貨先物市場がIMM。

かつては日本でも、東京金融先物取引所（現・東京金融取引所）で米ドル・日本円の通貨先物取引が行われていたが、2005年に上場廃止となっている。

西原に聞け!

Q 西原さんは普段、どんなツールでチャートを見ていますか?

A FX会社のチャートを使いこなすことのほうが大切です

僕の場合、パソコンでチャートを分析するときは有料のツール、具体的に言えばブルームバーグの有料端末を使っています。

また、テクニカル分析は本書で紹介したものの他に、「TDシーケンシャル」というトレンドの反転を数字で教えてくれるテクニカルを使っています。こうしたあまり一般的ではないテクニカル分析も、無料で見る方法はあります。興味のある人はインターネットで検索してみてください。

しかし、FX会社が提供するチャートツールにも十分すぎるほどの機能が備わっています。ツール選びに時間をかけるより、まずは自分なりの分析方法を身につけることが大切だと思います。

自分のためのツールを考案すること、思考のための方法論を考えること自体が、実は知恵比べなのである。

（瀧口範子／フリー・ジャーナリスト）

3章

チャートを補完する ファンダメンタルズ分析

為替相場は、政治経済や金融、さまざまな事象によって動きます。
チャートが示す値動きの理由を補完するために、
ファンダメンタルズ分析をないがしろにすることはできません。
3章では、マーケットの空気や方向性をわかりやすく教えてくれる
ファンダメンタルズ分析を紹介します。

fundamentals

その 1

［為替を動かすファンダメンタルズ❶］

「政治の力」を見極める！

POINT 1　為替は政治で動く！

POINT 2　先進国の中央銀行に注目！

POINT 3　為替大国アメリカの動向に注目！

POINT 1

為替は政治で動く！

政治による「為替操作」のインパクト

為替市場は何によって動くでしょうか？　いくらでも答えようのある質問ですが、ひとつには「為替は政治で動く」という側面があります。

翻ってみれば、1985年9月22日の「プラザ合意」は為替市場にとってつもないインパクトを与えました。

プラザ合意とは、ニューヨークにあるプラザホテルで日本やアメリカ、西ドイツ、イギリス、フランスの首脳（G5）が集まって、ドル安への誘導を決めた合意です。

これにより、1985年の1ドル260円から1995年には94円の超円高へ。米ドルの価値を3分の1以下に切り下げる（円は3倍の円高）きっかけとなったのです。

為替レートを決めるのは市場です。しかし、ときにこうした**政治の「為替操作」が起こることがある**のです。

近いところでは、2016年2月に「上海合意」がありました。正式発表はされていませんが、上海で開催されたG20でドル高是正をめざした、つまりドル安誘導の合意があったといわれています。

上海合意の前年、人民元の切り下げを背景に、米ドルは対円で125円までドル高が進みました。ドル高を是正することで、人民元のさらなる切り下げ圧力を抑制し、世界経済の安定化をめざそうとい

国際政治が為替相場を動かす

●政治がドル安へと誘導した「プラザ合意」

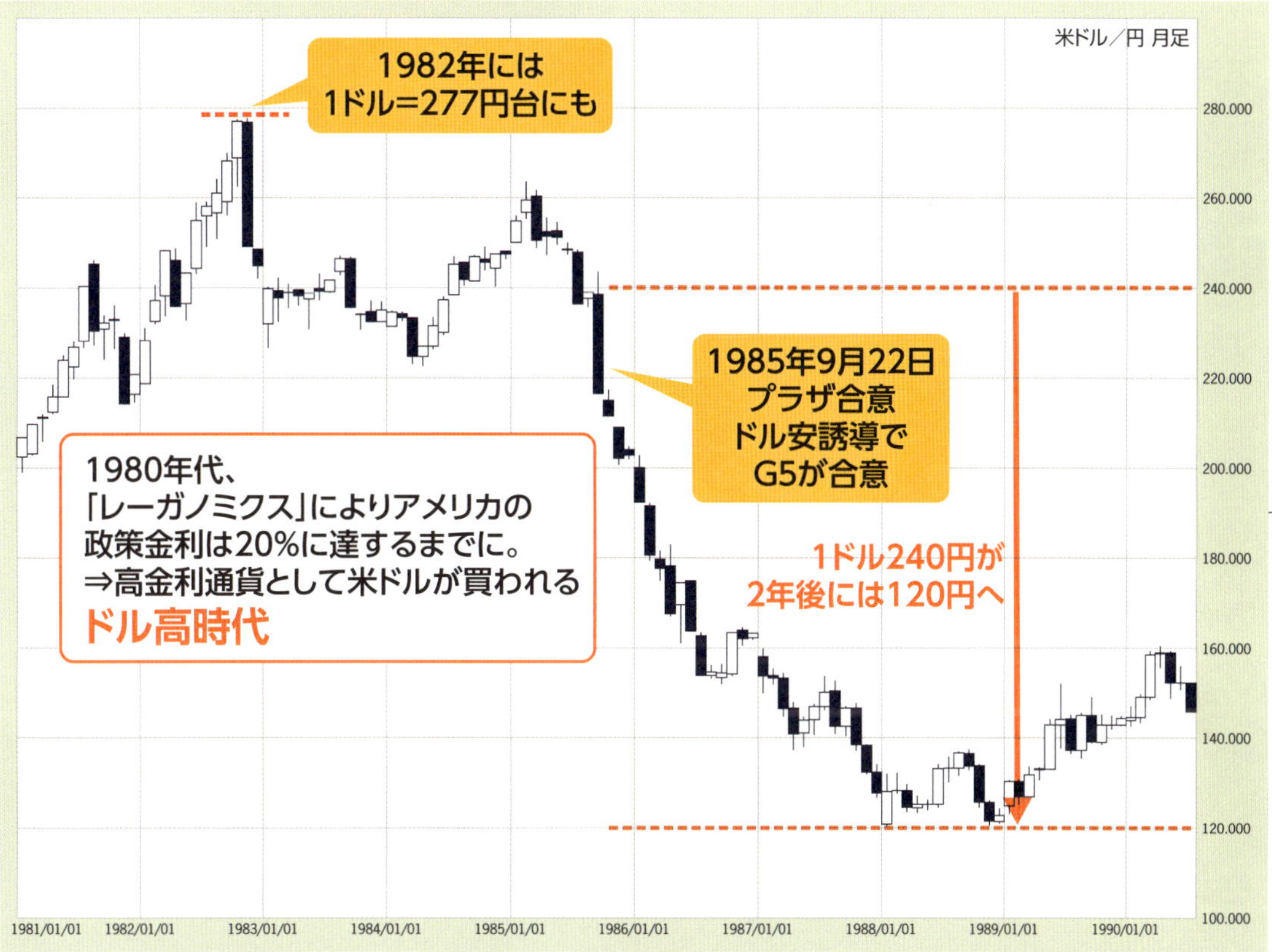

う意図があったのでしょう。

いずれにせよ、上海合意の存在がささやかれ、米ドル／円は100円割れまで下落し、ドル安が進みました。高値125円から20%ほどドル高が是正されたことになります。

「上海合意でドル高是正!? 米ドル／円は売りだ！」と判断するわけではありません。

あくまでも、基本はチャートです。このときも200日線や75日線は米ドル／円の売りを示していて、上海合意という材料があとからついてきた形でした。しかし、上海合意という政治のダイナミックな動きがついてきたことで、下降トレンドへの自信を深められるわけです。

POINT 2 先進国の中央銀行に注目！

中央銀行の為替政策は“旬のテーマ”となりやすい

為替相場と政治の関係で、**意識しておきたいのが各国の中央銀行の動向**です。中央銀行の重要な役割のひとつに為替市場の監視があります。

どこの国の中央銀行もマーケットの動きを注視していて、自国の通貨が行きすぎた（好ましくない）状態にあれば、さまざまな手段で意図する方向へと誘導しようとします。

頻繁に見られるのが、記者会見などで通貨高（または通貨安）を牽制する発言を繰り返す「口先介入」です。

SNB（スイス国立銀行）などは、実際にマーケットへ無制限介入を続け、スイスフランの為替レートをコントロ

中央銀行の会合・会見は要注目

●各国の中央銀行の為替政策に注目しよう

アメリカ	**FOMC**（連邦公開市場委員会）／年8回、約6週間ごとに開催
ユーロ	**ECB**（欧州中央銀行）／2週間ごとに開催。月1回目の理事会で政策金利が決定
イギリス	**BOE**（イングランド銀行）／毎月、上旬の水・木曜日の2日間、金融政策委員会（MPC）を開催
スイス	**SNB**（スイス国立中央銀行）／四半期に一度、政策会合を実施
カナダ	**BOC**（カナダ銀行）／年8回開催、政策金利の変更などを発表
オーストラリア	**RBA**（オーストラリア準備銀行）／原則、毎月第1火曜日に金融政策委員会を実施
日本	**日本銀行**／年8回、2日間にわたり金融政策決定会合を開催。2日目には、総裁の定例会見が行われる

ールしていました。

先進国の為替誘導政策は、マーケットの〝旬のテーマ〟となりやすく、それによって生まれたトレンドは、中央銀行の意図に沿っているわけですから、安心感が違います。

しかし、中央銀行はいつも、いつまでも市場をコントロールできるわけではありません。SNBの無制限介入は限界を迎え、結果、2015年1月15日、「スイスフランショック」を引き起こしました。

中央銀行の通貨誘導政策には必ず賞味期限があります。〝出口〟をイメージしてトレードすることが必要です。

POINT 3 為替大国アメリカの動向に注目！

各国の通貨政策の裏にはアメリカの合意が!?

中央銀行が為替市場の中期的な流れを生み出した事例はまだまだあります。

2013年3月、日本銀行の総裁に黒田東彦氏が就任し、「異次元の量的緩和」政策を取り、円安へと進めました。

また、ユーロ圏で2014年末から翌年前半にかけて、ユーロ安が大きく進んだのは、ECB（欧州中央銀行）のドラギ総裁が追加金融緩和を示唆、実行したためです。

これらは一見、それぞれの国の中央銀行が単独で決めたように思えます。しかし、円安にしろ、ユーロ安にしろ、裏側ではドル高を誘引します。

アメリカへの影響がありますから、通貨安を誘導するような政策を決断する裏には、

パラダイムチェンジにアメリカの影アリ!?

●アメリカの合意があった（とされる）あの発表

2013年4月4日
日本銀行「異次元の量的緩和」発表

- マネタリーベースを2年で2倍に
- 長期国債の平均残存期間を2倍に
- 消費者物価が2%に達するまで政策を継続

2015年12月3日
ECB「QE2」発表

- 0.2%から−0.3%へマイナス金利を拡大
- 政策実行期間の延長
- 購入対象とする債券の拡大

やはり政治があります。

ＥＣＢが市場の期待を上回る追加金融緩和策を発表した直後、私はメルマガにこう書いていました。

「これだけの発表をするからには米国の了承もとっているのでしょうから、米国もとりあえず介在しない可能性が高いのでしょう」（２０１５年1月23日配信）

アメリカのＧＯサインがないまま、中央銀行が通貨安へ誘導しようとしても難しいものがあります。しかし、アメリカの同意を取り付けているのであれば、中央銀行の意図通りに為替市場が動く可能性は高まります。

為替市場では政治、とくにアメリカの意向が強く反映されます。

直接、売買の材料とはしませんが、値動きの見通しを立てる際には気にかけておくといいでしょう。

3章 関連キーワード

人民元

中国の通貨で、中国政府による「管理変動相場制」を取る。

中国本土で取引される「オンショア人民元（ＣＮＹ）」と、本土以外の「オフショア人民元（ＣＮＨ）」の２種類がある。

スイスフランショック

２０１１年、スイスフラン高に対抗するためＳＮＢは、ユーロ／スイスフランのレートの防衛ラインを１・２００と公表。無制限介入を続けた。

それも限界に達した２０15年1月15日、ＳＮＢは突如、防衛ラインの撤廃を発表。直後からスイスフランは高騰し、マーケットは大混乱に。

fundamentals

その2

［為替を動かすファンダメンタルズ❷］

為替と金利の密な関係

POINT 1 金利動向は、事前予想との乖離があるか？

POINT 2 「市場金利」にも目を配る！

POINT 3 2国間の金利差が重要！

POINT 1 金利動向は、事前予想との乖離があるか？

サプライズがあると相場は大きく動く

為替相場を動かす大きな要素として、各国の政策金利があります。政策金利の変更が与えるインパクトは、基本的には**「政策金利の引き上げ＝通貨高要因＝買い材料」「政策金利の引き下げ＝通貨安要因＝売り材料」**となります。

しかし、大切なのは、政策金利が何％になるかという結果そのものではなく、サプライズがあるかどうか。**マーケットは「事前予想と結果との乖離」に大きく反応**します。「事前に利上げが予想され、結果も利上げ」なら、強い買いにはなりません。しかし「予想は据え置きだったのに利上げ」となると、大きく買われやすくなります。

また、政策金利の発表と同時に行われる記者会見や発表される声明文も市場は注視しています。

例えば2017年2月、RBNZ（ニュージーランド準備銀行）は政策金利の据え置きを発表。事前予想は一部、利上げを予想する声もありつつも、据え置きが大勢。サプライズのない結果だったのですが、会合終了直後からNZは売られました。声明文で、「今後も相当な期間、据え置く」と一部にあった利上げの予想を全否定したためです。

政策金利は「今後、どうなるのか」の見通しも重要なのです。

政策金利の"サプライズ"で市場は動く

●為替相場を動かす政策金利

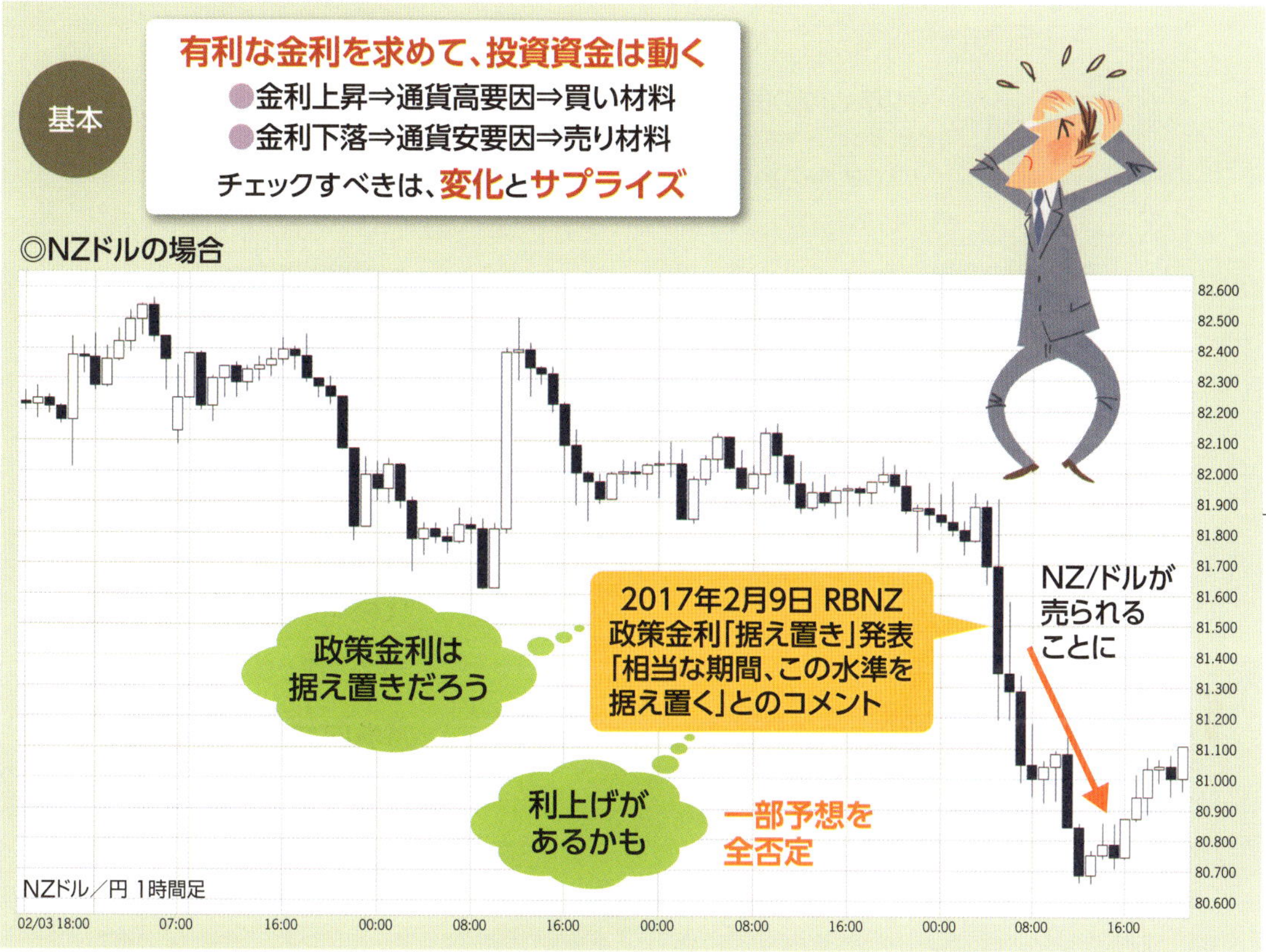

POINT 2

「市場金利」にも目を配る!

長期金利は債券価格と反対に動く

「今日は長期金利が上昇したため、米ドルが買われた」

こうしたニュースを目にすることがあるかと思います。

ここでいう金利とは、政策金利ではなく、債券市場で取引される国債の利回りのこと。この**市場金利も、目配りをしておきたい要素**のひとつです。

混乱する人もいるようですが、債券の価格と利回りは反対の方向に動きます。

債券の価格が上がると利回りは下がり、債券価格が下がると利回りは上がるという関係にあります。

例えば、「利率5%・価格100円・償還まで10年」の国債があったとします。これを98円で買うことができると、年5円を10年間受け取れるので50円の利益。

さらに、98円で買った債券が10年後、100円で償還されると2円の利益となり、合計利益は52円です。

98円の投資に対して10年で52円の利益。年間利回りは5・3%となります。債券を安く買えたので、利回りが上がったわけです。

為替市場と無関係ではない「市場金利」

債券市場では国債をはじめ、さまざまな債券の売買が行われていて利回りが変動します。

とくに2年ものの国債の利回りは短期金利の指標として、

覚えておきたい「市場金利」の基本

●為替と無関係ではなくなった国債利回り

債券市場で取引される、各国の国債利回りも要チェック

- 2年ものの国債利回り ⇒ 短期金利の指標
- 10年ものの国債利回り ⇒ 長期金利の指標

景気が回復／企業業績が向上	景気が低迷／企業業績は低迷
「株(企業)に投資しよう!」	「資金は安全資産の債券に!」
↓	↓
債券が売られる	債券が買われる
↓	↓
債券価格は下落	債券価格は上昇
↓	↓
金利が上がる	金利が下がる

10年もの国債は長期金利の指標として利用されるため、多くの人が注目しています。

わかりにくい国債利回りですが、為替相場とも無関係ではないのです。

POINT 3

2国間の金利差が重要!

トランプラリーの原因もアメリカ長期金利の上昇

長期金利への注目度がにわかに高まったのは2016年11月のトランプラリーでした。トランプ当選直後、私はこんなメールを配信しています。

「円金利がゼロのまま米金利が上昇するなら日米金利差の拡大により当然、米ドル／円は上昇することになる。米大統領選という大きなリスクイベントを越え、再びもとのトレンド、つまり株高・円安へと回帰していくのでしょう」(2016年11月13日配信)

為替市場は通貨と通貨の交換取引ですから、アメリカの金利だけでなく**「日米の金利差」を見て米ドル／円の為替レートも動きます**。

トランプの当選が決まると、景気高揚の期待感が高まり、債券市場から株式市場へとマネーは動きます。すると、債券価格は下がり、長期金利は上がります。

アメリカの長期金利が急騰し、日米金利差は拡大。「資金を円で持っているより米ドルで持っていたほうが多くの金利がもらえる」となれば、円を米ドルに交換しようとする動きが高まるわけです。

日米金利差の拡大は米ド

市場金利の差は為替市場のテーマになる

●トランプ当選後、米ドルの上昇を招いた日米の金利差

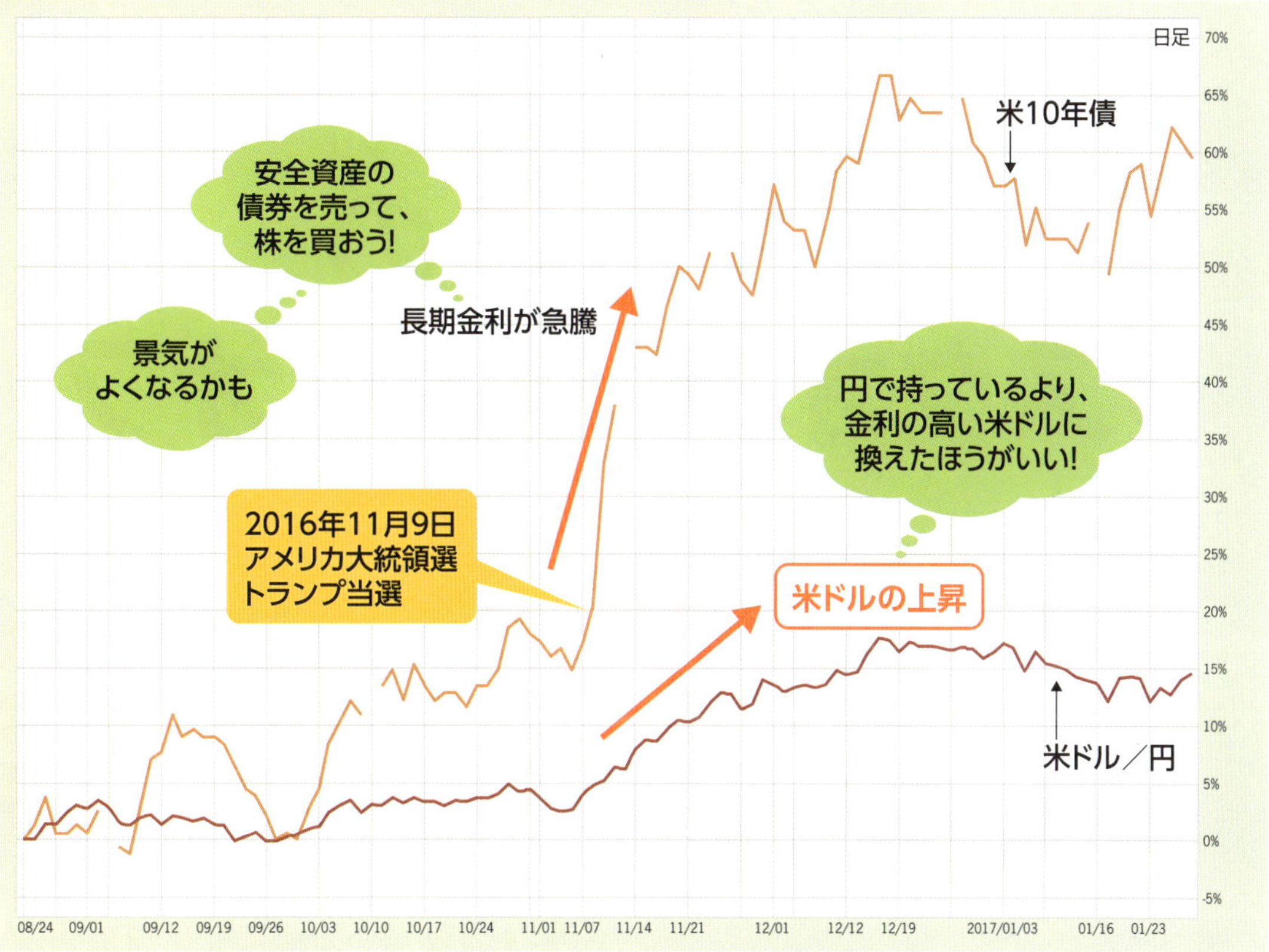

ル／円の買い材料となり、猛烈な速さで円安が進みました。

このように**市場金利は一度動き出すと加速度がつきやすく、為替市場に大きな影響を与え、市場のテーマとなる**ことがあります。

市場金利については情報が入りにくいのですが、僕のメルマガではHSBC銀行でチーフディーラーを務めた竹内典弘さんが金利をもとにした分析を配信してくれています。トランプ当選の翌日に配信されたメールを紹介しましょう。

「昨日、米10年債金利は今年1月以来の水準である2・075%と前日より約21bpもの上昇。短期的には米ドルは米金利上昇に伴い更に上昇するものと考えられる」（2016年11月10日配信）

このあと、アメリカの長期金利は2・5%まで上昇し、竹内さんの見通し通り米ドルは急騰していきました。

3章 関連キーワード

政策金利

中央銀行が一般の銀行に融資する際の金利で、金利を使って中央銀行は金融面から経済政策を行う。

景気が悪ければ、市中にお金が回るよう金利は下げられ、好景気のときには、景気の過熱を抑えるため、金利を上げ消費意欲を抑制する。

bp

政策金利や国債利回りで使われる数字の単位。読み方は「ベーシス・ポイント(basis point)」。1bpは0・01%。政策金利の見通しなどを語る際に、「次回の会合では25bpの利上げが予想される」などと使われ、「次回は0・25%の利上げ予想」という意味となる。

fundamentals

その3

［マーケットの空気を知る］

株式市場のリスクオン、リスクオフ

POINT 1 リスクオン、オフで市場の空気が変わる!
POINT 2 アメリカの株式市場で見極めよう!
POINT 3 CFD口座でチャートを一括チェック!

POINT 1 リスクオン、オフで市場の空気が変わる!

リスク許容度が高ければ、投資活動が活発に

為替レポートを読んでいると頻出するのが、「リスクオン／リスクオフ」という言葉。

リスクオンとリスクオフは世界の投資家のリスク許容度を示す言葉です。**リスク許容度が高ければ、「リスクオン」**。投資家は収益を求めて活発に取引を行います。

株式市場に資金を投じたり、原油を買ったり、金利の低い円を売って金利の高いオセアニア通貨や新興国通貨を買うこともあるでしょう。

一方で、「中国経済が危ないらしい」「あの巨大銀行の経営が傾いているようだ」というように、先行きの不透明感が広がると、投資家は積極的に収益を求めるよりも、リスク資産を減らし資金を守ろうとします。

持っている株を売却してキャッシュ（現金）に戻したり、新興国から資金を引き揚げたり、あるいは安全性が高い先進国の国債などを買ったりします。これが**「リスクオフ」**。

為替市場では、大きな傾向として、**リスクオンであればオセアニア通貨や新興国通貨が買われやすく**なります。**リスクオフであれば円が買われ、米ドルやスイスフランが買われやすく**なります。

市場のムードがリスクオンかリスクオフなのかは、戦略を組み立てるうえで欠かせない材料なのです。

マーケットのムードはどちらか？

●リスクオン／リスクオフで、買われるもの・売られるもの

リスクオン リスクを取ってでも取引		リスクオフ 資産を安全なものへ
買⇧	株	売⇩
買⇧	原油	売⇩
	ゴールド	買⇧
売⇩	米ドル	買⇧
売⇩	円	買⇧
	スイスフラン	買⇧
買⇧	オセアニア通貨	売⇩
買⇧	新興国通貨	売⇩

POINT 2

アメリカの株式市場で見極めよう！

チェックしておきたいNYダウ平均

今、投資家のリスク許容度はどうなっているのだろうかと思ったとき、わかりやすいのは株式市場、とくにアメリカの株式市場を見ることです。

個別株の動向を見る必要はありません。日経平均のように市場全体の動向を教えてくれる**NYダウ平均、あるいはS&P500をチェック**すれば十分です。

NYダウ平均がわかりやすくリスクオフを示したのが、2015年8月のチャイナショックです。

チャイナショックの発端は人民元の切り下げや上海株の暴落です。それによってNYダウ平均は急落し、その影響は世界へと波及しました。

当時のメルマガを掘り起こすと、こう解説していました。

「今までは上海株が暴落しても人民元が切り下がってもどうにか持ちこたえていたのですが、本丸である米国株が崩れてから世界が総崩れ。こうなるとファンド勢は資金確保のため、利が乗っている日本株を処分せざるを得ない。日本企業の業績が悪化したからではなく、他のポートフォリオでの損失補填のため、我先にと日本株を利益確定している展開。アベノミクスの株高政策にも黄色信号が灯っています。ここまでマーケットが崩れてしまうと、補正予算程度では戻せないでしょう」（2

NYダウ平均で見るリスクオン／リスクオフ

●NYダウ平均が示したリスクオフ「チャイナショック」の場合

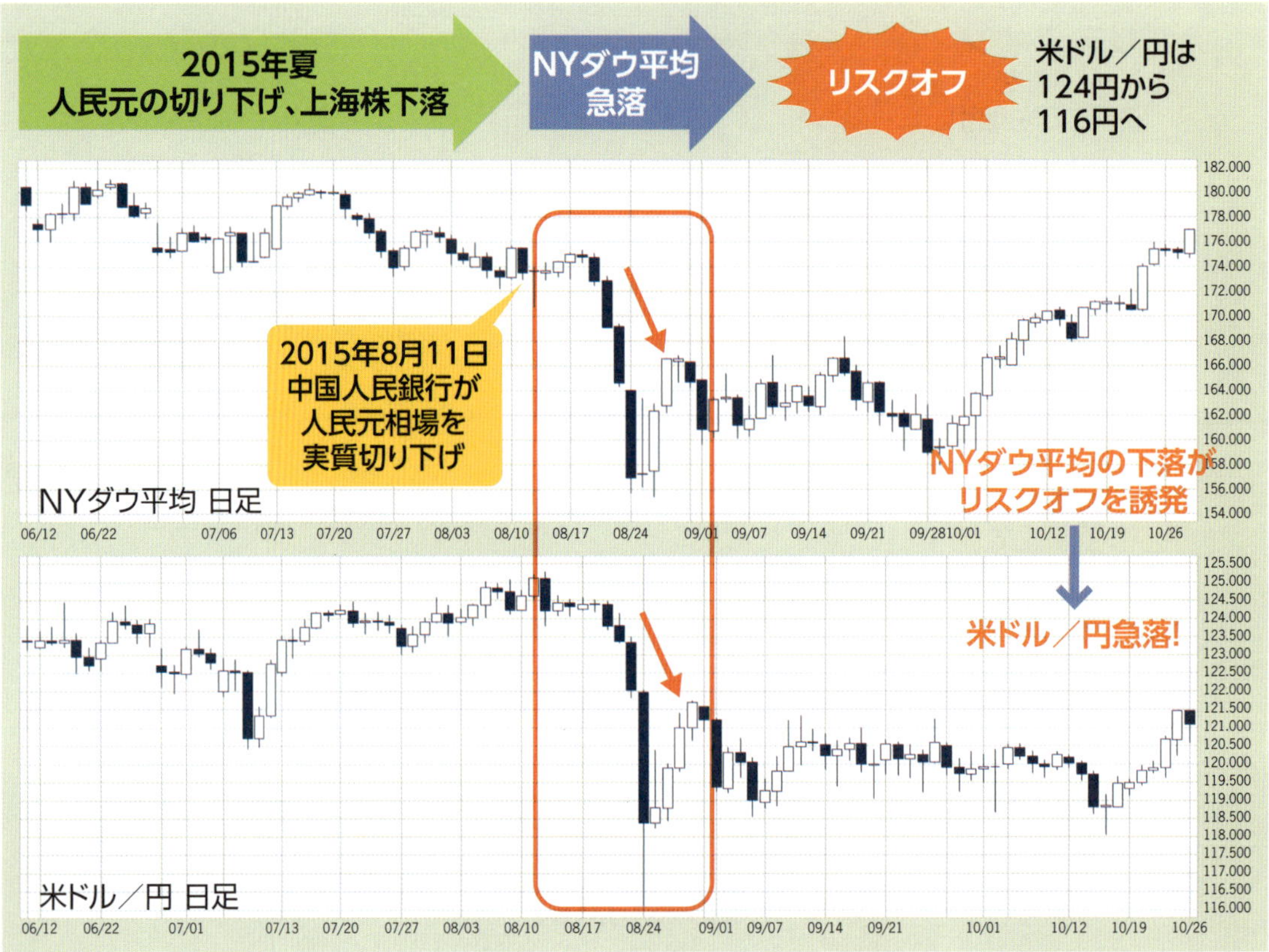

015年8月25日配信）

チャイナショックで、NYダウ平均は1万7400ドルから1万5000ドル台へと暴落。同時に米ドル／円は、124円から116円まで下げることになりました。

世界の投資家にとって、もっとも大切な投資先はアメリカの株式市場。それが大きく崩れたとき、他の金融市場も無関係ではいられないのです。

POINT 3 CFD口座でチャートを一括チェック！

NYダウ平均のチャート分析は大局をチェック

トレードする通貨ペアにもよりますが、戦略を組み立てる際、NYダウ平均と日経平均くらいはチェックしておきたいものです。

細かな分析は必要はありません。大切なのは、上昇トレンドなのか、下落トレンドかの大局を見ることにあります。

為替と同じように3本の移動平均線を表示させ、日足や週足の75・200の移動平均線の動き――高値・安値といった節目を割り込んでいないか？　上抜けたりしていないか？　といったところに着目しておけば十分です。

そこからリスクオンとリスクオフの空気感を感じ取れれば、FXの戦略がより精度の高いものとなるはずです。

とはいえ、NYダウ平均やS&P500といった銘柄は、通常、FX会社のチャートでは表示できません。

プロであればブルームバーグなどの端末ですべて表示で

NYダウ平均で大局を見る

●NYダウ平均は200日線や節目でざっくり読み解く

基本

NYダウ平均は、中期・長期の移動平均線や過去の安値といった節目をチェック

- 節目を勢いよく割り込む　⇒　リスクオフのムードへ
- 節目にサポートされる　⇒　リスクオンのムードに

きるのですが、非常に高価です。インターネットを検索すれば、それぞれのチャートは出てくるでしょうが、いちいち「NYダウ平均はこのサイトで」とページを切り替えるのも面倒です。

そこで便利に使えるのが、CFD口座です。**CFDはFXの兄弟のような金融商品で、株価指数や個別株、原油、ゴールドなどのコモディティ（商品）といった幅広い銘柄をひとつの口座で取引**できます。

GMOクリック証券のほか、いくつかのFX会社ではCFDを取り扱っていて、ほとんどが口座の維持手数料はかかりません。

CFD口座を開設しておけば、NYダウ平均などの株価指数のほか、次に紹介するゴールドや原油などの商品相場のチャートを見ることができます。

3章 関連キーワード

NYダウ平均
アメリカの主要株価指数。一般的には「ダウ工業株30種平均」のこと。アップルやゴールドマン・サックスなど工業関連以外の企業も構成銘柄となっている。

S&P500
NYダウ平均と並ぶアメリカ株式市場を代表する株価指数。わずか30社で構成されるダウ平均と違い、大型株500社で構成される。

チャイナショック
中国の金融政策を端緒とした、世界の金融市場の混乱。2015年8月11日には、中国人民銀行は20年ぶりに人民元相場を実質的に大幅切り下げし、さらに、対ドル為替レートの基準値を引き下げた。その影響は世界中に広がった。

fundamentals

その4

［為替と関わるマーケット］

「金」などコモディティ市場にも目を配ろう！

POINT 1 ゴールド相場は、米ドルと逆相関

POINT 2 原油相場が米ドルを動かすこともある

POINT 3 鉄鉱石や乳製品なども為替市場に影響

POINT 1 ゴールド相場は、米ドルと逆相関

米ドルトレードにはゴールド相場に注目

為替市場の動きを見通すのに、コモディティ（商品）市場が有力なヒントとなることがあります。

代表的なコモディティ銘柄としてまずあげられるのが、「金（ゴールド）」です。**「有事の金」**とも言われ、戦争やテロなど、危機的な状況になると、ゴールドが買われる傾向があります。それは、ゴールドが信頼の高い安全資産だからです。

ゴールドと米ドルには逆相関の関係があります。逆相関とは、一方が上がれば他方が下がる関係のこと。ゴールドが上がれば、米ドルは下がりやすく、ゴールドが下がれば、米ドルは上がりやすくなります。これは覚えておくとよいでしょう。

こうした関係は長期的にも、短期的にも見られます。アメリカの雇用統計が悪い結果となったとき、米ドルが売られる裏ではゴールドが買われていた、なんてことはよくあります。

「マーケットで話題になっているのがゴールド。ひさしぶりに200日線を割り込んで、続落を示唆。この意味においてはドルの続伸を示唆。ポジションは変わらず、米ドル／円のロングのみ」（2016年10月10日配信）

このメルマガを執筆したとき、私が注目したのがゴール

米ドルのトレードにはゴールドを意識

●米ドルとゴールドはおおむね逆相関

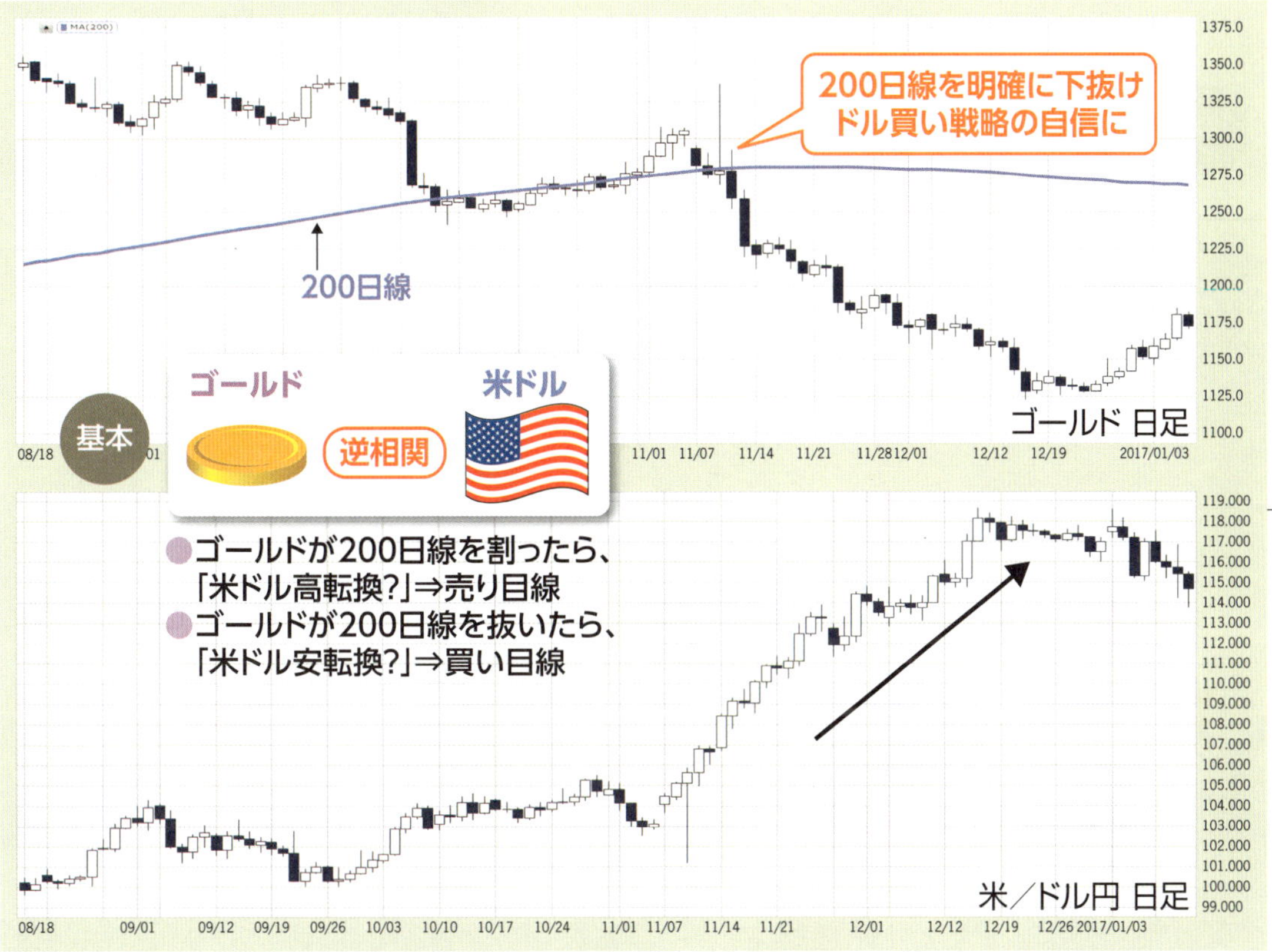

ドの200日線でした。

ゴールドの日足が200日線を割り込んだということは、大局がゴールド安に変わった可能性があるということ。

つまり、ゴールドと逆相関にある米ドルは上がっていくだろうという見通しだったわけです。

為替市場で圧倒的に取引が多い米ドル。その動きを見通す材料としてゴールドは有力な手がかりを与えてくれることがあるのです。

POINT 2 原油相場が米ドルを動かすこともある

カナダドルや英ポンドにも影響を与える原油相場

原油価格もまた、為替市場に影響を与えます。とくに、原油価格は特定の通貨と強い関係があります。

その筆頭が、カナダドルです。カナダは世界でもトップ5に入る産油国で、**原油価格が上がればカナダドルは買われやすく、原油価格が下げればカナダドルは売られやすくなります**。

原油市場全体の動向を見るのに使われているWTI原油(West Texas Intermediate)が急落すると、カナダドルは強く反応します。

また、毎週水曜日に発表される「アメリカ週間原油在庫」の在庫の増加はカナダドルの悪材料となり売られ、在庫の減少は好材料としてカナダドルが買われることがあります。

そして、WTI原油やアメリカ週間原油在庫と並んで注目度の高い原油の指標が「ブ

原油価格で通貨はこう動く

●カナダドル・英ポンドは原油価格と相関関係にある

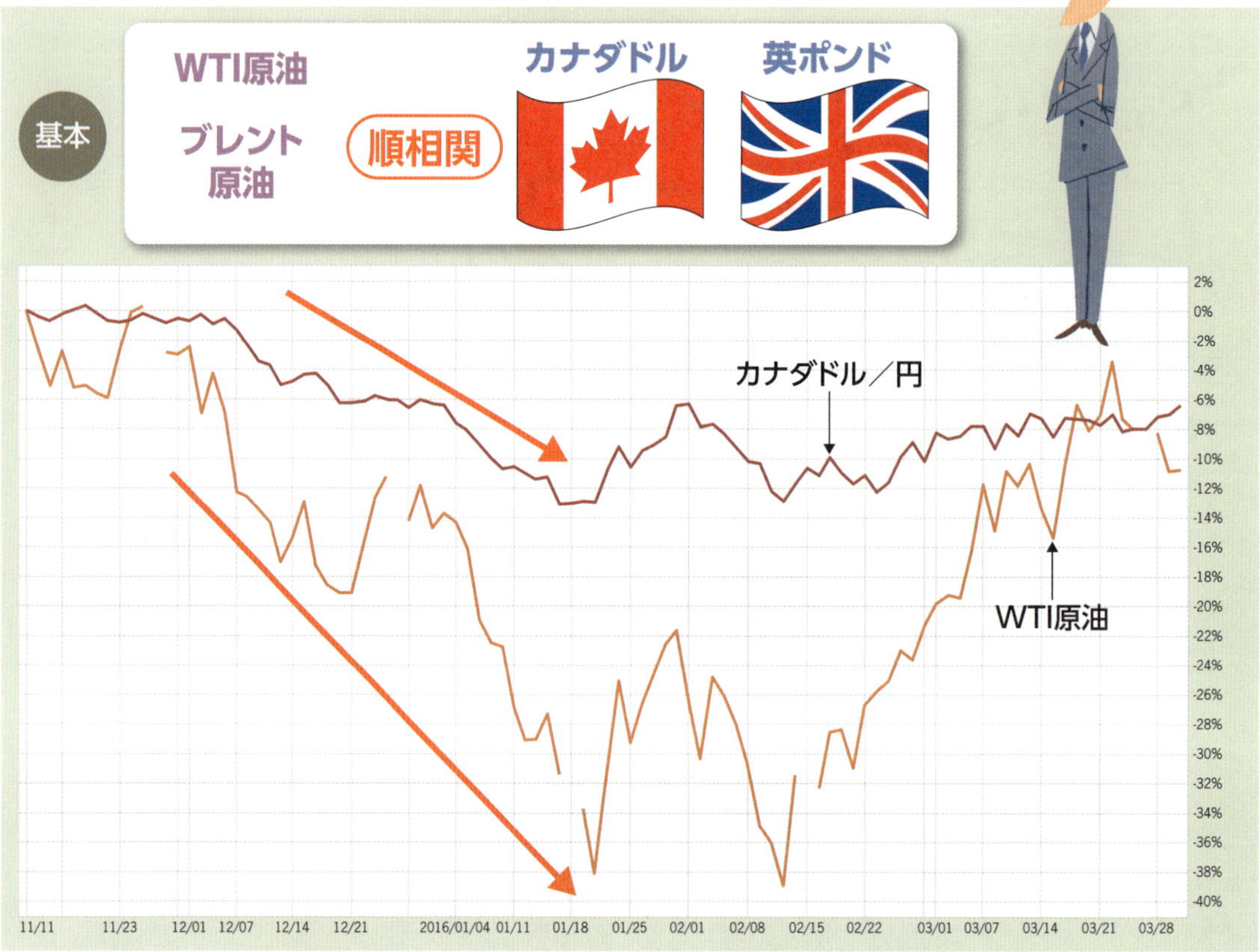

レント原油」。これに反応するのが、英ポンドです。

ブレント原油は北海にある油田から採掘される原油で、その価格はヨーロッパの原油価格の指標となっています。北海油田を有するイギリスは原油の輸出国で、その産出量は世界トップ20に入るほど。**英ポンドと原油価格も一定の相関**が見られるのです。

2016年6月、国民投票でイギリスのEU離脱が決定し、英ポンドは猛烈に売られましたが、原油価格の安定が、その後の英ポンドの反発を支えました。

また、時折、米ドル／円と原油価格が密接な関係を持つことがあります。

例えば、2016年前半の相場は「原油が下がればリスク警戒感が強まって円が買われ、原油が上がれば円が売られて……」という動きが顕著で、「原油本位制」と呼びたくなるようなものでした。

原油価格が急落すると、リスクを積極的に取りにいくのは難しく、円は買われやすくなります。原油価格の下落は、米ドル／円やクロス円通貨ペアの下降トレンドを促進させる材料となるのです。

POINT 3

鉄鉱石や乳製品なども為替市場に影響

商品相場と無関係でいられない豪ドル

もうひとつ、原油価格との関係が深い通貨が豪ドルです。オーストラリア自体は原油の輸出国ではありませんが、その主要輸出品は鉄鉱石。鉱工

為替相場と関わりの強いコモディティ

●コモディティ市場を無視できない通貨

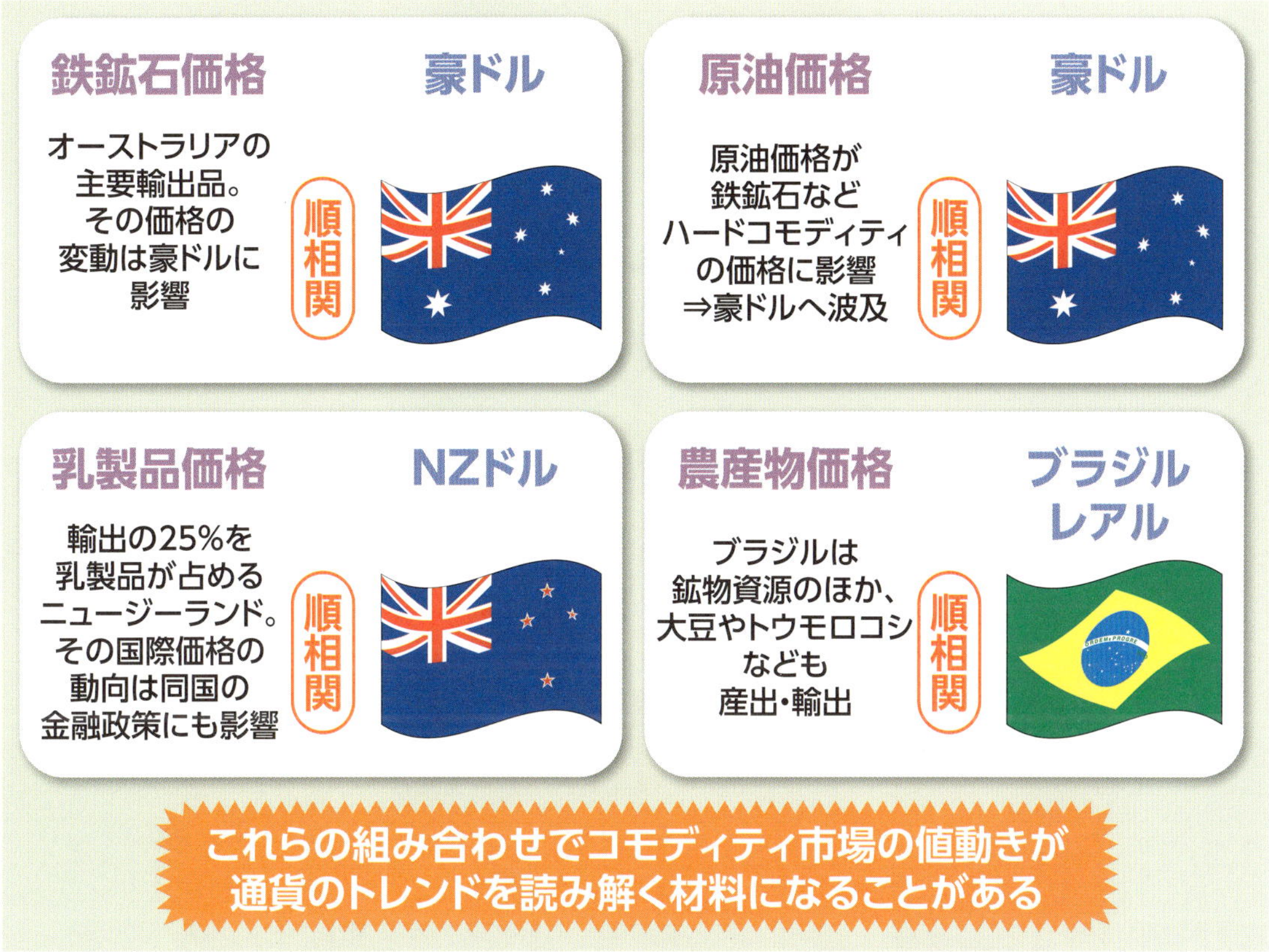
鉄鉱石価格
豪ドル
オーストラリアの主要輸出品。その価格の変動は豪ドルに影響
順相関
原油価格
豪ドル
原油価格が鉄鉱石などハードコモディティの価格に影響⇒豪ドルへ波及
順相関
乳製品価格
NZドル
輸出の25%を乳製品が占めるニュージーランド。その国際価格の動向は同国の金融政策にも影響
順相関
農産物価格
ブラジルレアル
ブラジルは鉱物資源のほか、大豆やトウモロコシなども産出・輸出
順相関
これらの組み合わせでコモディティ市場の値動きが通貨のトレンドを読み解く材料になることがある

業を経済の主力とする国なので、コモディティ市場ととても関係が深いのです。

　当然、鉄鉱石の価格は豪ドルに影響を及ぼしますし、鉄鉱石などの「ハードコモディティ」は、全体的に原油市場の影響を受けやすいため、**原油の値動きによって、豪ドルが動くという特徴**があります。

　そのため、僕自身、豪ドルのトレードをするときは、WTI原油価格や鉄鉱石の価格を注視しています。

　為替との関わりがある商品市場は、金や原油以外にもたくさんあります。

　農産物の価格とブラジルレアルは順相関にありますし、**乳製品価格が上がれば、NZドルも上がる**という関係もあります。

　トレンドを察知し、見通すためにはコモディティ市場の動きも気にしておきたいものです。

3章 関連キーワード

コモディティ市場

　商品先物取引所で取引されている商品全般を「コモディティ」という。その対象は幅広く、原油・ガスなどのエネルギーから、ゴールドやプラチナといった貴金属、小麦や大豆、トウモロコシなどの穀物に、銅・アルミなどの非鉄金属などさまざま。

アメリカ週間原油在庫

　原油市場の需給バランスを測る指標のひとつ。在庫が減少していれば需給の改善が進んでいることになり原油価格は上がりやすく、在庫が積み上がっていると需給の悪化で原油価格は下がりやすい。アメリカのエネルギー情報局（EIA）が毎週水曜日に発表し、その結果によって原油価格が敏感に反応することもある。

西原に聞け!

Q 銀行のトレーダーと個人トレーダーどちらが有利?

A メンタル面では個人のほうが有利かもしれません

働きながらトレードする個人投資家は、FXで損失を出しても本業があります。銀行やヘッジファンドで働くトレーダーもサラリーマンです。ただし、プロのトレーダーは「儲けて当たり前」。損益をマイナスにするのはもちろん、前年より収益が大きく減っただけで職を失いかねません。

個人投資家は「本業の給与+FXの収益」ですが、プロのトレーダーの収入は「本業の給与≒FXの収益」ともいえます。トレードで失敗すると、収入が一気にゼロになるリスクを背負っているのがプロです。兼業もプロも稼ぐことの難しさは同じです。2つの収入源を確保できる兼業のほうが、メンタル面では有利なのかもしれません。

トレンドはあなたの最良の友だ。
それが終わりを迎えるまでは。
Trend is your friend until it ends.

(トム・デマーク/チャート分析の第一人者)

4章

リスク管理できないトレードはするな!

FXで勝つためにはどうしたらいいか?
どうなるかわからないマーケットで利益をあげることに躍起になる前に、
失点を減らすことを考えたほうが現実的だと思いませんか?
FX戦略でキモとなるのがリスク管理。4章では、僕が何より重要視するストップ（逆指値注文）の置き方や資金管理について、お話ししていきます。

defence

その1

［リスク管理とは何か？］

トレードのリスクを徹底的に管理しよう！

POINT 1 損切りを設定できて初めてトレードができる

POINT 2 ストップの位置はその都度、テクニカルで判断する

POINT 3 参加しないほうがいいマーケットもある

POINT 1 損切りを設定できて初めてトレードができる

そのトレード、参加する価値がある?

あなたがじゃんけんに勝てば、1000円を差し上げます。ただし、じゃんけんをするには、800円を支払ってください。

そんなオファーがあったら、あなたはチャレンジするでしょうか?

単純に考えてあなたが勝つ確率は50%。1000円がもらえる確率が50%ということは、じゃんけん勝負の「期待値」は500円となります。

期待値500円の勝負に参加するために800円を支払うということは、あまり割のいい勝負ではありません。つまり、このじゃんけん勝負は、「参加しない」のが得策です。

冷静に考えれば納得できることでしょうが、瞬時に判断できる人は意外と少ないのかもしれません。

FXのトレードでは、こうした判断が求められます。

「ここでエントリーすると、リスクはどれくらい?」

「それに対して、ターゲットまでの幅は?」

損切りまでの幅が3円もあるのに、ターゲットまでは1円幅しかないようならば、あなたはポジションを持つでしょうか。

3円のリスクに対して、1円のリターンというのはあまりに非効率。リスクを背負う価値はありません。

トレードをする前に、**参加**

トレードの効率を考えよう！

●そのトレード、割にあってますか？

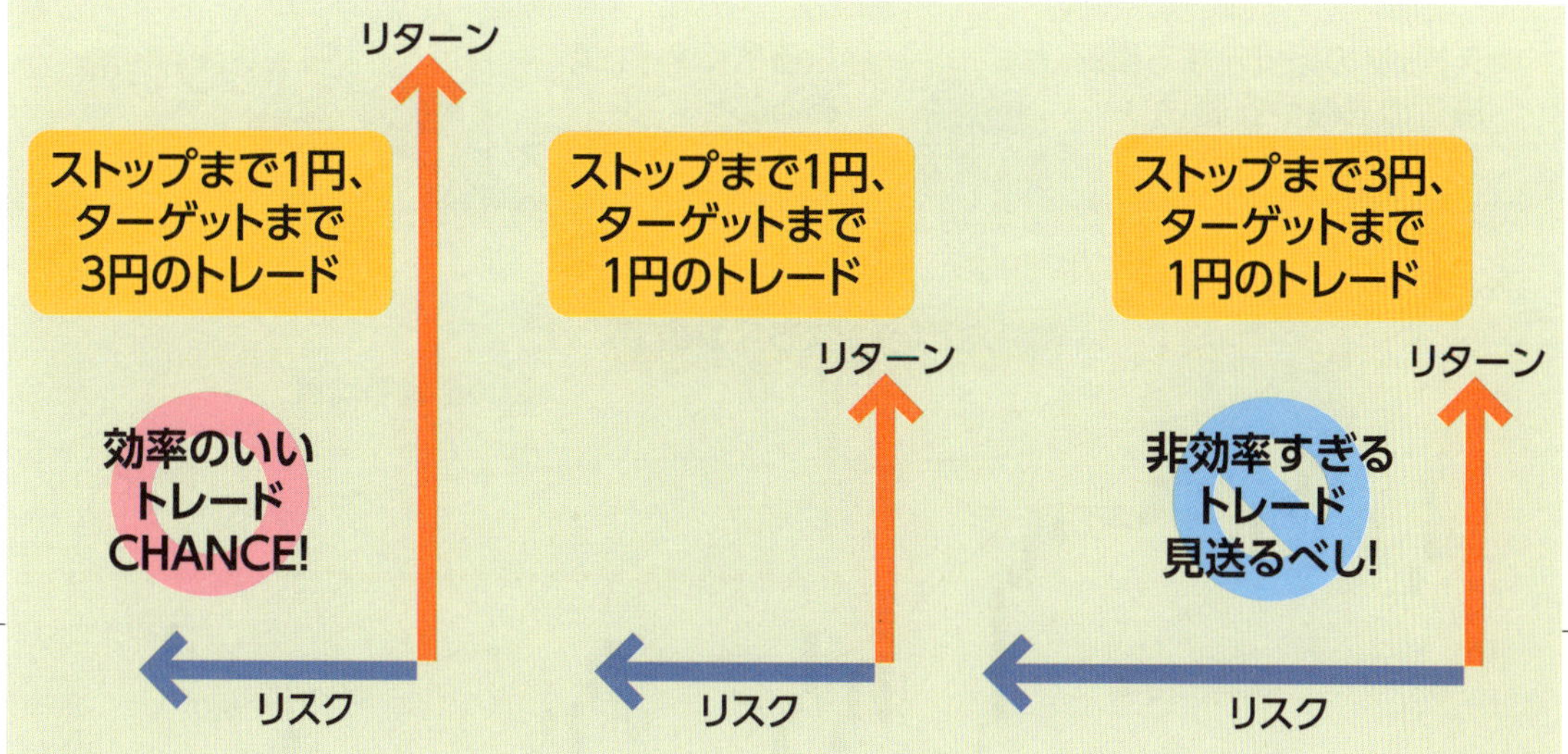

- 効率的な参加すべきトレードかどうかを考えることは大切
- ただし、そのときも、リスク＝ストップから考える習慣を
- ストップまでの幅とターゲットまでの幅は「1：1」以上が目安

する価値がある「割のいい勝負」かどうかを、見極める必要があります。

1章で「ストップ注文を入れないトレードはありえない」とお話ししました。繰り返しになりますが、リスクを管理し、トレードの効率を考えるためにも、どこにストップを置くのか、どの程度のリスクなのかを検討することはとても大切なのです。

POINT 2 ストップの位置はその都度、テクニカルで判断する

どのくらいやられるか？から考える

そのストップをどう決めるかですが、ストップまでの幅は、残念ながら一律にいうことはできません。

基本的には「どのくらいやられるのか」を考えるわけですが、**通貨ペアやボラティリティによっても変わりますし、人それぞれのトレードスタイルによってもさまざま**です。

ストップの幅は「時と場合による」ということを前提に、ひとつの目安としていうと、米ドル／円であれば100pips以内でしょうか。**タイトにしておきたいけれど、すぐについてしまわない程度の幅**です。

もちろん、ボラティリティの大きな通貨ペアであれば、150pips、200pipsと離してストップを置くこともありますし、手堅いバリアや壁の存在がわかっている場合はタイトに設定することもあります。

そのときの値動きの傾向や

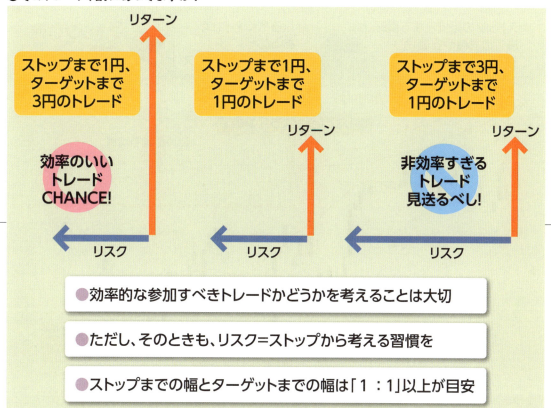

ストップの位置についての基本的な考え方

●ストップの目安は臨機応変に

●ストップの目安となる情報
直近の高値や安値（①）
テクニカル分析（②③）

➡

●なるべくタイトであること
●資金量とのバランス

➡

ストップ位置決定

テクニカル分析などを参考に、具体的に決めていきます。その具体的な方法は、次項で解説します。

POINT 3 参加しないほうがいいマーケットもある

資金管理ができない相場は戦略が立てられない

ストップを入れれば万全かといえば、そうではありません。FXには、ストップを置いてもいくらで約定するかわからないこともあります。

例えば、2016年6月24日、イギリスで行われたEU離脱の是非を問う国民投票で、離脱派の優勢が伝わると英ポンドは暴落しました。

対円では瞬間的に10円近く下落し、その間にストップの逆指値注文を置いていても、約定したレートは指定したレートとは大きく乖離していたはずです。

値動きのスピードが速いときには避けられないことで、FXでは起こりうるリスクのひとつです。

当時のメルマガにはこう書いていました。

「ストップがどこで約定するかわからないマーケットではトレードになりません」

「国民投票をまたいでの英ポンド／円のリスクを取るのはかなり無謀」

ストップがいくらで約定するかわからない、つまり、**資金管理ができないマーケットでは戦略を立てられません**。

このようなリスクのあるイベント前はトレードを手控えるのがよいでしょう。

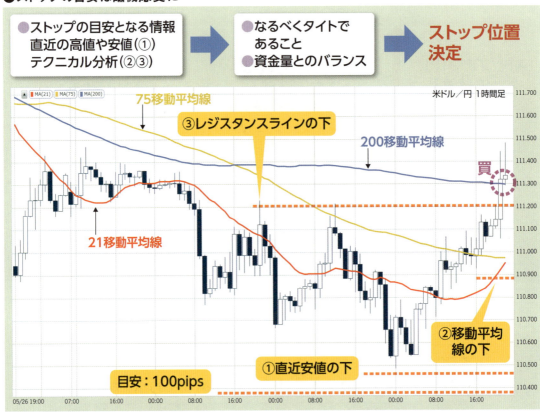

イベント前やマイナー通貨にも用心を

●リスクが想定できない相場は参加しない

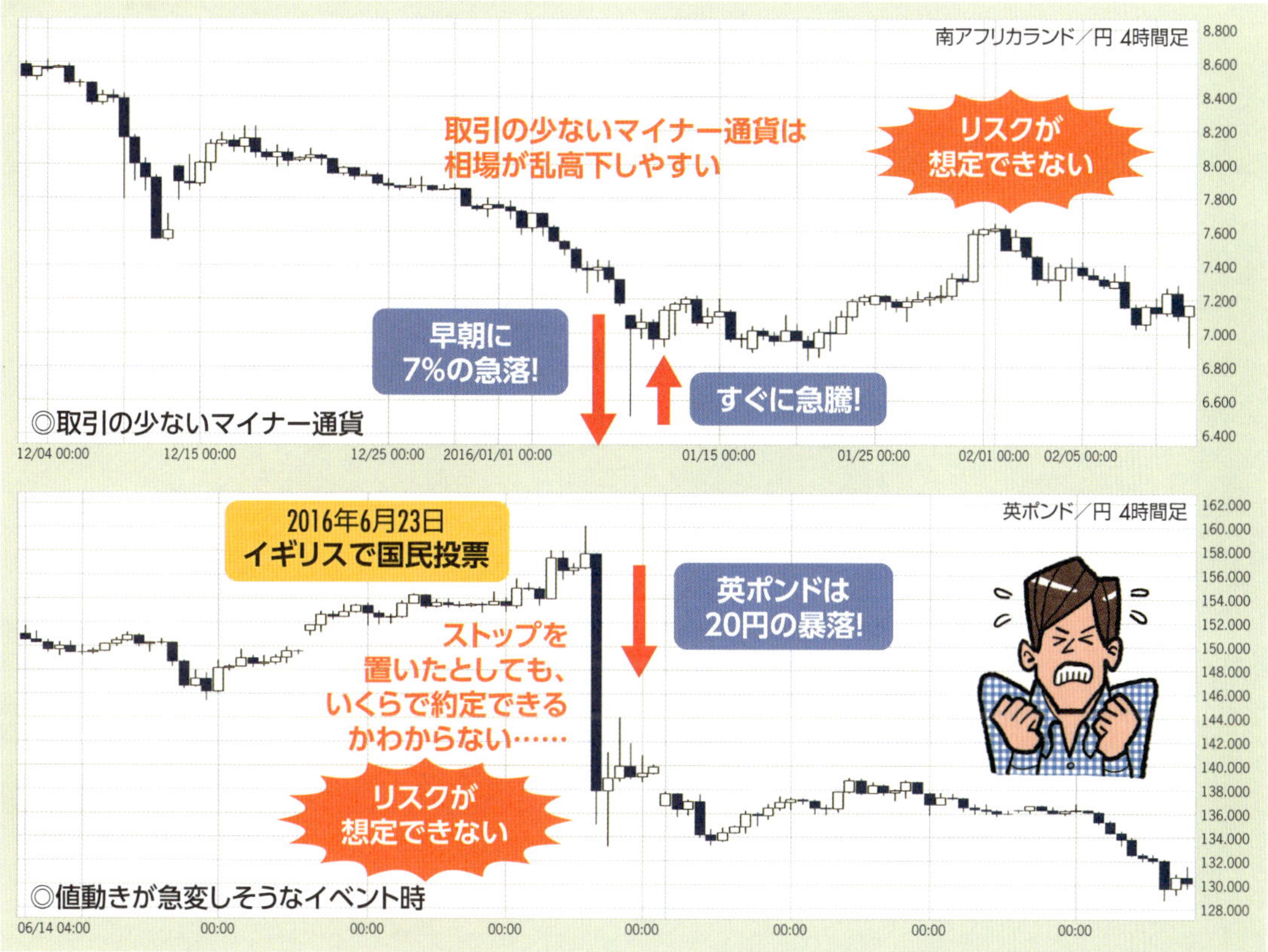

また、取引が少ないマイナーな通貨にも同じリスクがあります。典型的だったのが、2016年1月に起きた南アフリカランドの急落です。

南アフリカは政策金利が非常に高いため、その通貨ランドはとくに日本人に人気です。

しかし、南アフリカランドはマイナー通貨、ちょっと大きな注文が入るだけで為替レートが激変します。

2016年1月の早朝、南アフリカランド／円が10％以上の暴落となったのも、スワップ金利を目当てに買っていた日本人のストップが約定し下げて、一段下のストップを誘発……というスパイラルによるものだったのでしょう。

こうした動きをされると、資金管理はとても難しいものです。僕は大きなイベント前はメジャー通貨と同様、マイナー通貨もトレード対象から外しています。

4章 関連キーワード

ボラティリティ

価格の変動率のこと。略称、「ボラ」。一般的にボラが大きい商品はリスクが高く、ボラが小さい商品はリスクが低いとされる。

FXでは、英ポンドや新興国通貨のからむ通貨ペアではボラが大きめになる傾向がある。

pips

為替レートの下2ケタの表示（外貨同士のときは下4ケタ表示）の最後のケタの単位がpips。

例えば、1ドル100円15銭なら、15銭の5の部分の単位が「pips」。1ユーロ1・3325ドルなら、最後の5の単位が「pips」。クロス円の通貨ペアだったら「1pips＝1銭」となる。

defence

その2

［ストップ注文の目安を知ろう！❶］

チャートから考えるストップ注文

POINT 1 相場の節目はフィボナッチで確認

POINT 2 一目均衡表では「雲」とローソクの位置をチェック

POINT 3 どんなテクニカルが効いているかで総合判断

POINT 1 相場の節目はフィボナッチで確認

多くのトレーダーが注目 61・8%や38・2%

ストップ位置の目安を考えるテクニカル分析としてわかりやすいのが、**「フィボナッチ・リトレースメント」**です。

13世紀のイタリアで活躍した数学者・レオナルド・フィボナッチの研究をもとに生まれたのがフィボナッチ数列で、黄金比率「1：1・618」とも密接に関係しています。

この黄金比率を相場に利用したのが、フィボナッチ・リトレースメントです。リトレースメントとは「引き返す」という意味があり、押し目や戻りの目安を示してくれます。

使い方は簡単で、**上昇トレンド中の押し目を探すのであれば、トレンドの始点となった安値からトレンド中の高値へと引く**だけです。

すると安値・高値の幅の61・8%や38・2%（1から61・8%を引いた比率）が表示されます。

高値から38・2%下げたところが、最初のストップ位置の候補です。ただ、それではあまりに近すぎるときは50%、あるいは61・8%を基準にしてストップを置きます。

このとき、38・2%ちょうど、50%ちょうどではなく、そこから5～10pips程度、離しておくとよいでしょう。

このフィボナッチ比率は多くのトレーダーが参考にしています。

例えば、上昇トレンドに乗

相場の節目になりやすい「フィボナッチ」

●使いこなしたいフィボナッチ・リトレースメント

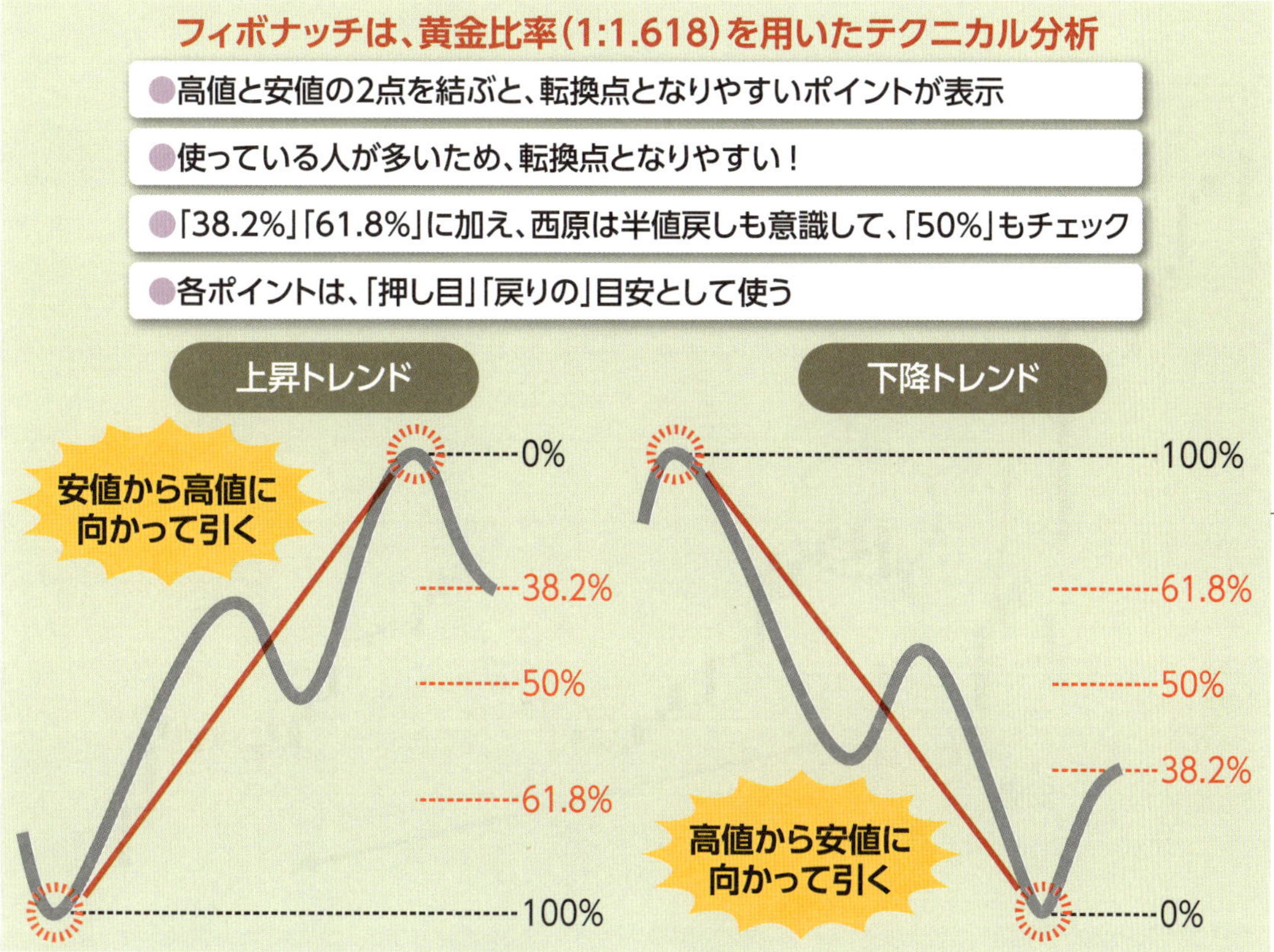
フィボナッチは、黄金比率(1:1.618)を用いたテクニカル分析
●高値と安値の2点を結ぶと、転換点となりやすいポイントが表示
●使っている人が多いため、転換点となりやすい！
●「38.2%」「61.8%」に加え、西原は半値戻しも意識して、「50%」もチェック
●各ポイントは、「押し目」「戻りの」目安として使う
上昇トレンド
安値から高値に向かって引く
0%
38.2%
50%
61.8%
100%
下降トレンド
高値から安値に向かって引く
100%
61.8%
50%
38.2%
0%

れなかった人は「フィボナッチの節目まで下がったら買おう」と待ち構えているでしょう。

　そのためフィボナッチ比率のところが押し目買いのポイントとなり、反転しやすい傾向があります。

　逆に言えば、フィボナッチ比率のポイントでも下げ止まらなければ、トレンド反転の可能性あり、ということにもなります。

　こうしたことを考えると、フィボナッチ比率を超えて下がるようなら損切りする、というのは合理的な判断だといえるのではないでしょうか。

POINT 2 一目均衡表では「雲」とローソク足の位置をチェック

ストップは基準線と転換線、雲に着目

　とても便利なフィボナッチ・リトレースメントですが、高値・安値が明確なときにしか引けません。トレンドの初期だったり、相場が急変したときなどには使えないこともあります。そんなときは、「一目均衡表」を表示させてみましょう。

　日本生まれのテクニカル分析である一目均衡表ですが、今ではグローバルに使われています。

　一目均衡表をチャートに表示させると、雲、基準線、転換線、遅行線の4つが表示されます。遅行線は現在値をローソク足26本分後ろにずらして表示させただけの線です。

　これは損切りの基準にはなりにくいため、基準線、転換

フィボナッチで考えるストップ位置

●トレンド中はフィボナッチで節目探し

線、そして雲の3つに着目していきます。ローソク足がいずれかに沿って推移していることがよくあります。

日々変化のある一目均衡表は動的基準

次ページの図ではローソク足が雲を下抜け、雲の下で推移しています。これが下落トレンドのサイン。何度か反転上昇しても雲が壁となり、下げる動きが度々見られます。

こんなときは、「雲を上抜けたら損切り」と考えて、雲の上限より少し上に離したところへストップを置きます。

一目均衡表には、フィボナッチにはない特徴があります。フィボナッチが示すポイントは高値か安値を更新しないと変わりません。いわばストップの「静的」な基準です。

しかし、**一目均衡表は日々、位置を変えていく「動的」な基準**です。そのため、ストップの位置を頻繁に変更することができます。

図の場合も最後には雲を上に突き抜けていきますが、雲の位置が下がるにつれてストップを移動させていけば、最後にストップが約定しても十分な利益を確保できます。

POINT 3

どんなテクニカルが効いているかで総合判断

最適なストップを考えるクセをつける

ストップをどこに置こうかと検討するとき、トレンドが出ている相場だったら、まずはフィボナッチ・リトレースメントを引いてみましょう。

一目均衡表で考えるストップ位置

●一目均衡表は「動的」なシグナル

一目均衡表は日本生まれのテクニカル分析

- 「基準線」「転換線」「雲」のうち、その相場で効いているものをチェック
- 日々、値動きとともに動くので、ストップの逆指値注文もそれに応じて動かす

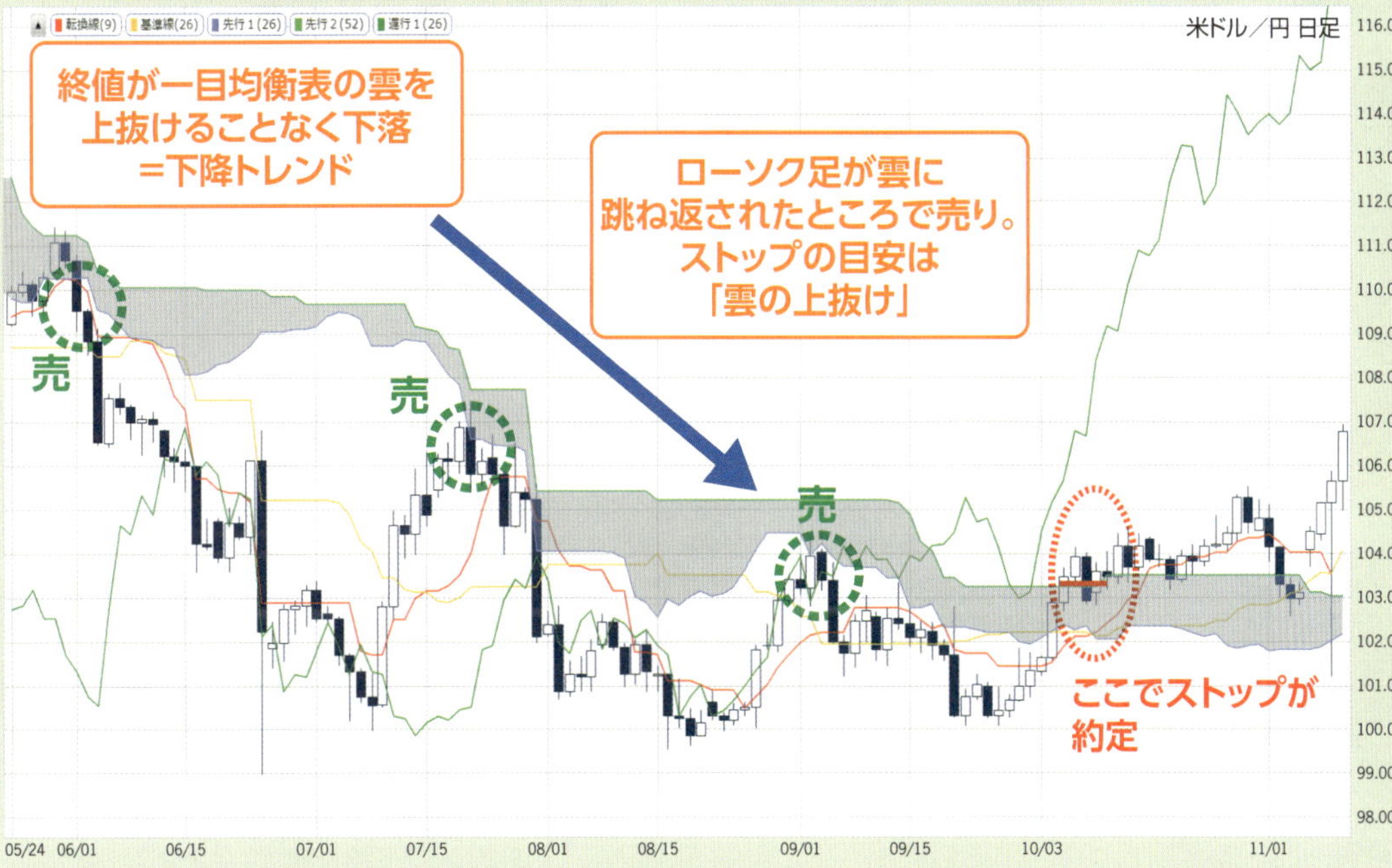

その38・2%、あるいは61・8%がストップの位置として使いにくいようなら、あるいは相場が一目均衡表に沿って推移しているようなら、一目均衡表を目安にしてストップを置いていく。

雲を例に紹介しましたが、「基準線を割ることなく上がっていく上昇トレンド」であれば、基準線の少し下にストップを設定することもできるでしょう。

もちろん、ストップの基準となるのは、この2種類だけではありません。**前日の高値や安値**が使える場合もあります。**移動平均線**がサポートとして効いている相場だったら、それを参考にしてもいい。まずはチャートをじっくり見ることが大事です。

相場にあわせて、最適なストップはどこか、考える習慣を身につけてください。

4章 関連キーワード

一目均衡表

経済記者として活躍した細田悟一（一目山人）が考案。よく使われるのは、雲と基準線、転換線、遅行線による分析。

例えば、①転換線が基準線を上抜け、②遅行線がローソク足を上抜け、③ローソク足が雲を上抜けの3条件が揃うと、「三役好転」＝強い買いシグナルとされる。

雲

一目均衡表に表れる色のついた部分。基本的には、①ローソク足が雲を上に抜けると強気相場で、ローソク足が雲の下へ抜けると弱気相場、②ローソク足が雲の中にあるときは、方向性がはっきりしない、③雲の厚さは抵抗の強さ、と見る。

defence

その3

［ストップ注文の目安を知ろう！❷］

「オプション」を知れば節目がわかる！

POINT 1 オプションとは何か？

POINT 2 オプションには「バニラ」と「バリア」がある

POINT 3 「バリア」はストップやターゲットの重要なヒントに

POINT 1 オプションとは何か？

為替市場の値動きに大きな影響を与える存在

ストップの位置の参考となり、効率的なトレードができるのが**オプション**の存在です。

オプションと聞くと、「バイナリーオプション」を思い浮かべる人も少なくないかもしれません。バイナリーオプションはFXと同じく為替市場に由来する商品で、取引をしたことがある方もいるかもしれません。しかし、ここでいうオプションは、バイナリーオプションとは別物です。

オプション（取引）とは、原資産となるある商品を「決められた期日」までに、「決められた価格」で売買する「権利」の取引です。

対象となる商品は幅広く、為替や株式など金融資産から農作物や石油などの商品なども対象となります。通貨を対象としたのが「通貨オプション」で、銀行やヘッジファンドなどの機関投資家が、為替と同時にこのオプション取引をすることがよくあるのです。

オプションの存在は為替市場の値動きに大きな影響を与えることがあります。**オプションが設定されていると値動きの強固な壁になりやすく、そこを抜けると値が大きく動いたりします。**

設定された金額が大きいほど、その影響は大きく、とくに、米ドル／円、ユーロ／米ドルのトレードには、見すごせないものになっています。

オプション情報をトレードに活かす

●最近ではトレードに欠かせないオプション情報

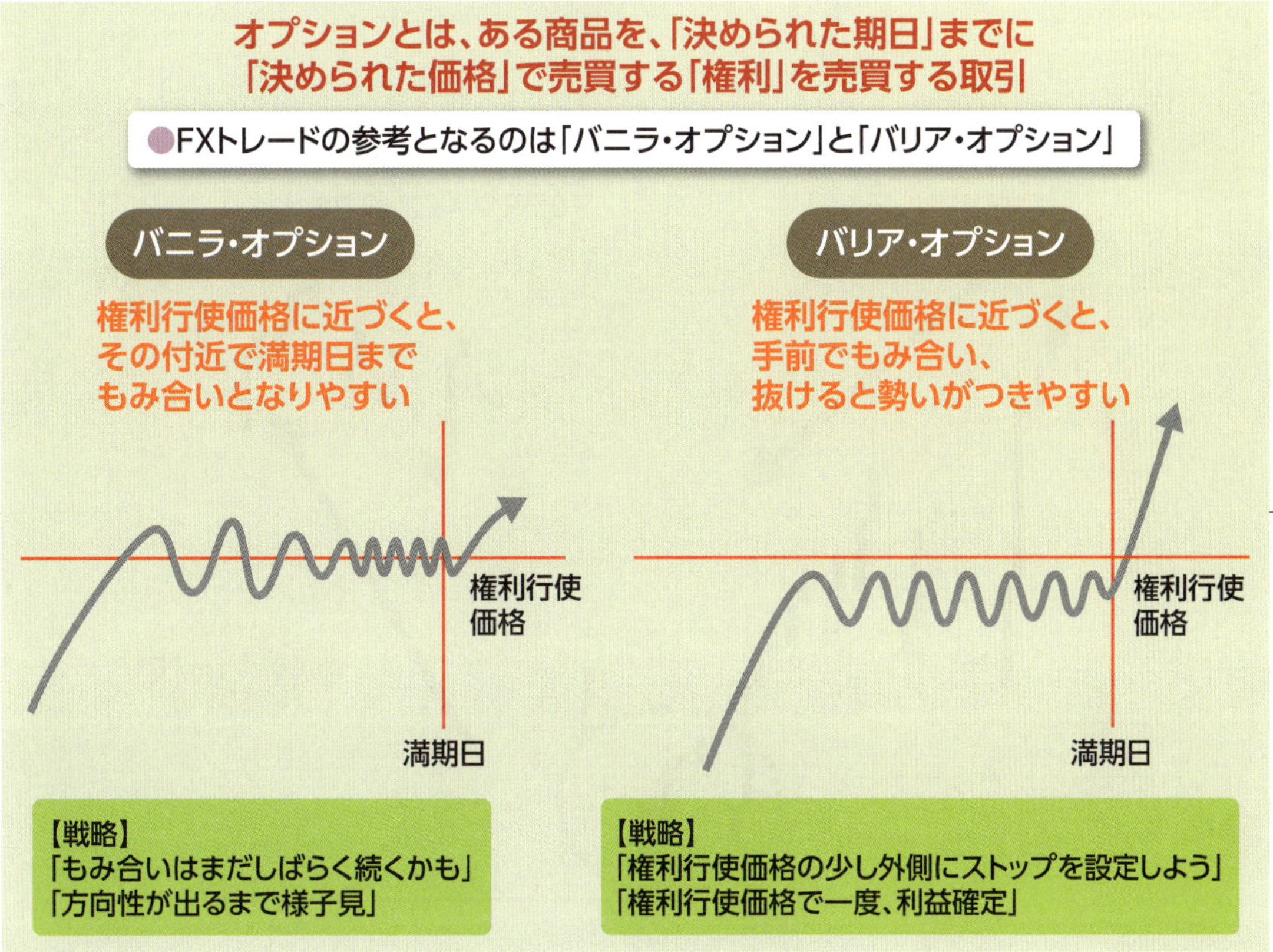
オプションとは、ある商品を、「決められた期日」までに
「決められた価格」で売買する「権利」を売買する取引
●FXトレードの参考となるのは「バニラ・オプション」と「バリア・オプション」
バニラ・オプション
権利行使価格に近づくと、
その付近で満期日まで
もみ合いとなりやすい
権利行使
価格
満期日
【戦略】
「もみ合いはまだしばらく続くかも」
「方向性が出るまで様子見」
バリア・オプション
権利行使価格に近づくと、
手前でもみ合い、
抜けると勢いがつきやすい
権利行使
価格
満期日
【戦略】
「権利行使価格の少し外側にストップを設定しよう」
「権利行使価格で一度、利益確定」

POINT 2

オプションには「バニラ」と「バリア」がある

「バニラ」があるともみ合いがちに

オプションにはさまざまなタイプがあるのですが、２種類を覚えてください。**「バニラ・オプション」**と**「バリア・オプション」**です。

バニラ・オプションは、「○月○日までに１ドル○○○円で買う（売る）権利」といったように、期日と権利を行使する価格（権利行使価格）が決まっているタイプです。

では、「６月30日までに１ドル100円で買う権利」というバニラ・オプションがあり、そのときのレートが100円50銭だったとすると、どうなるでしょうか。実際に配信したメルマガがあります。

「ドル円は今週いっぱい100・00円に27億ドルのオプションが控えている模様でそのレベルが底堅いイメージ」（2016年6月27日配信）

このとき、週末が期限で権利行使価格が100円のバニラ・オプションが設定されていました。しかも、27億ドルという巨額のため、100円を大きく割ることはないだろう、と予測したわけです。

2円、3円と遠く離れた位置にあるオプションはさほど影響力を持ちません。

しかし、**多額のオプションが近くにある場合、磁石に引き寄せられるように権利行使価格付近でもみ合う**ことがよくあるのです。

そのため、大きなバニラ・

オプション情報が値動きの見通しに

●オプションをどうトレードに活かすか？

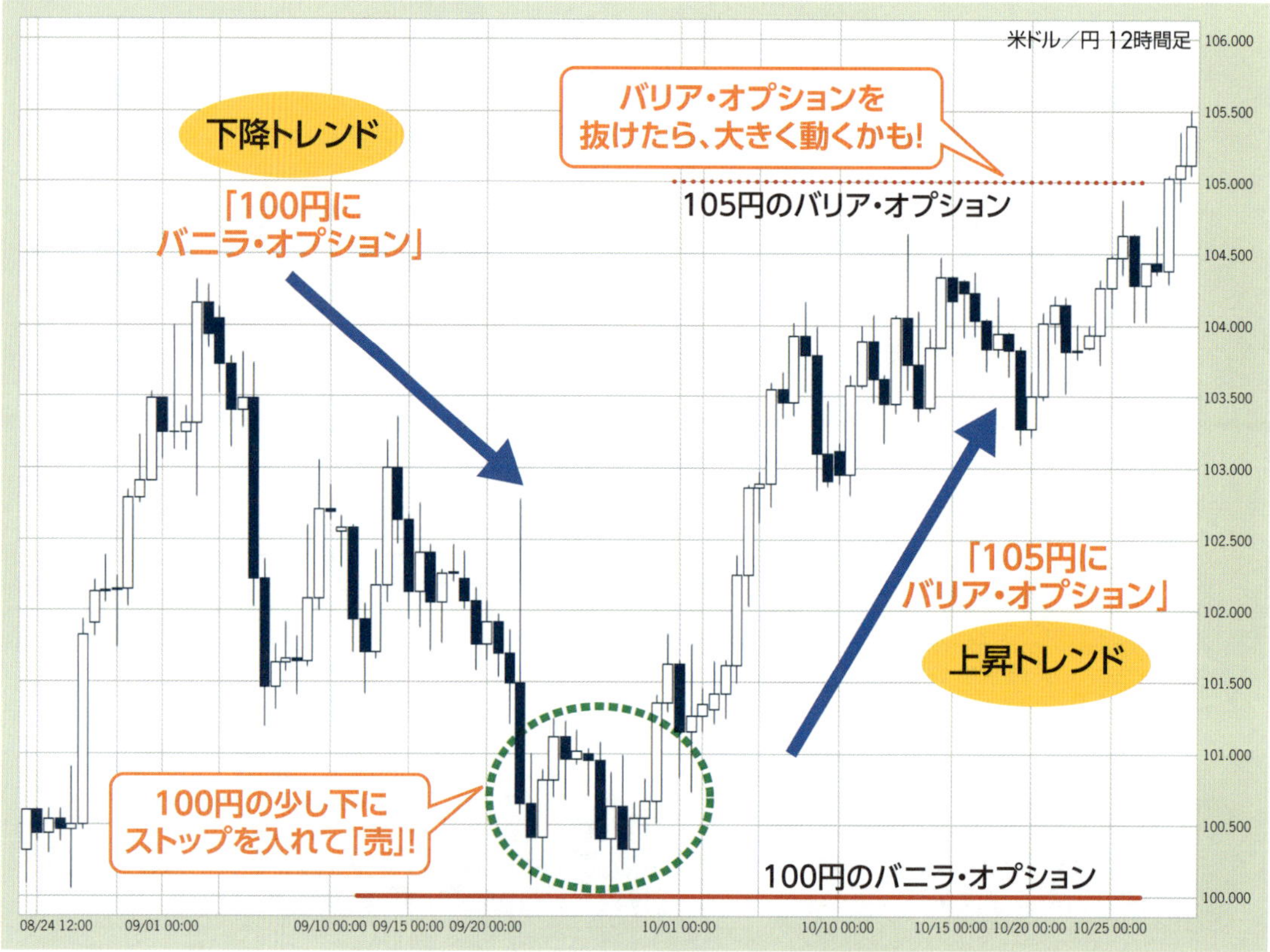

オプションが近辺にあるときは、「期限が来るまで、もみ合いが続くかな」というように考えることができます。

ちなみに、このバニラ・オプションが、オプション取引の基本。いちばんオーソドックスなアイスクリームの味といえばバニラですから、オーソドックスなオプションということでバニラ・オプションと呼ばれています。

POINT 3 「バリア」はストップやターゲットの重要なヒントに

「バリア」の向こう側にストップを

一方、**ストップの参考となるのが、「バリア・オプション」**の存在です。

バリア・オプションは、簡単に言えば「6月30日までに1ドル100円を割らなければ勝ち」といったようなオプションです。

バニラと違い、一回でもそのレートにタッチしてしまえば勝負が決まるのがバリア・オプションです。そのため、多額の**バリア・オプションが設定されたレートの手前では、「つけさせまい」「いや、つけてやる」と熾烈な攻防戦が起きやすくなります**。

100円ちょうどを底に反転上昇してきたとき、こんなメルマガを配信していました。

「105円のバリアの影響でなかなか105円が超えられず、104・40円で推移」（2016年10月27日配信）

105円にバリア・オプションが観測されていたため、なかなか上昇しにくいだろう、

オプションの壁をトレードに利用する

●短期トレードにも使えるオプション情報

という分析です。

このとき、100円から104円までは数日ですんなり上がってきたのですが、105円を抜けるまでは20日以上かかりました。

ただ、いったん、**権利行使価格をつけてしまうと走りやすいのもバリア・オプション**の特徴です。大きなバリア・オプションがあるのなら、その向こう側にストップを設定します。あるいは、間近まできて権利行使価格にタッチしそうなら、そこを利益確定のターゲットにするという考え方もできます。

オプション情報については、FX会社が配信するニュースに掲載されていますし、注目すべきオプションについては僕もメルマガで紹介しています。オプション取引の仕組み自体は難しく、わかりにくいものですが、その存在は意識したいものです。

4章 関連キーワード

バイナリーオプション

一定時間後の為替レートが、指定されたレートよりも上にあるか、下にあるかを予想し、的中すれば収益となる。初心者でも理解しやすい商品設計から人気を集めた。

FX会社が配信するニュース

FX会社に口座を開設すると、多くの情報が閲覧できる。

GMOクリック証券ならダウ・ジョーンズが配信する経済ニュースのほか、為替に特化した情報配信サービス「MarketWin24」のニュースが読める。

こうしたニュースでは経済指標の事前予想や1日の市場のまとめ、今後の見通しなどさまざまな情報が配信される。

defence

その4

［ストップ注文の設定　応用編］

ストップを動かして収益をロック！

POINT 1 思惑通りに動いたらストップを切り上げよう！
POINT 2 ストップは損失を広げる方向には動かさない
POINT 3 細かく利益確定し、利益を最大化しよう！

POINT 1 思惑通りに動いたらストップを切り上げよう！

リスクを減らして利益を伸ばす

ストップは「置いて終わり」ではありません。**値動きにあわせて、ストップの位置を動かしていく**ことで、トレードを有利に進め、利益を積み増すことができます。

例えば、110円で買って、112円まで上がってきたとします。ストップは買値の1円下、109円。この段階では、2円幅の利益がのっています。

しかし、為替市場では何が起きるか、わかりません。寝ている間に円高が一気に進んで、109円のストップがついてしまうこともありえます。そうなると、このトレードは2円幅の含み益が消え去るばかりか、1円幅の損失です。

一方、110円で買って、112円まで上がってきたとき、ストップを買値の110円に上げておけば、相場が急落しても損失はゼロ。心安くトレードを進められます。

含み益をしっかり確保してリスクを限定させるために、ストップを再検討し、動かすことをトレードの習慣にしていきましょう。

「大台を越えるたびに切り上げる」「大台を割るたびに切り下げる」というのもひとつの考え方ですが、**動かす適切な位置はその時々で異なり、テクニカル分析を見ながら、慎重に**考えていきます。

一目均衡表の雲や基準線、

戦略的にストップを動かそう！

●ストップを動かすメリット

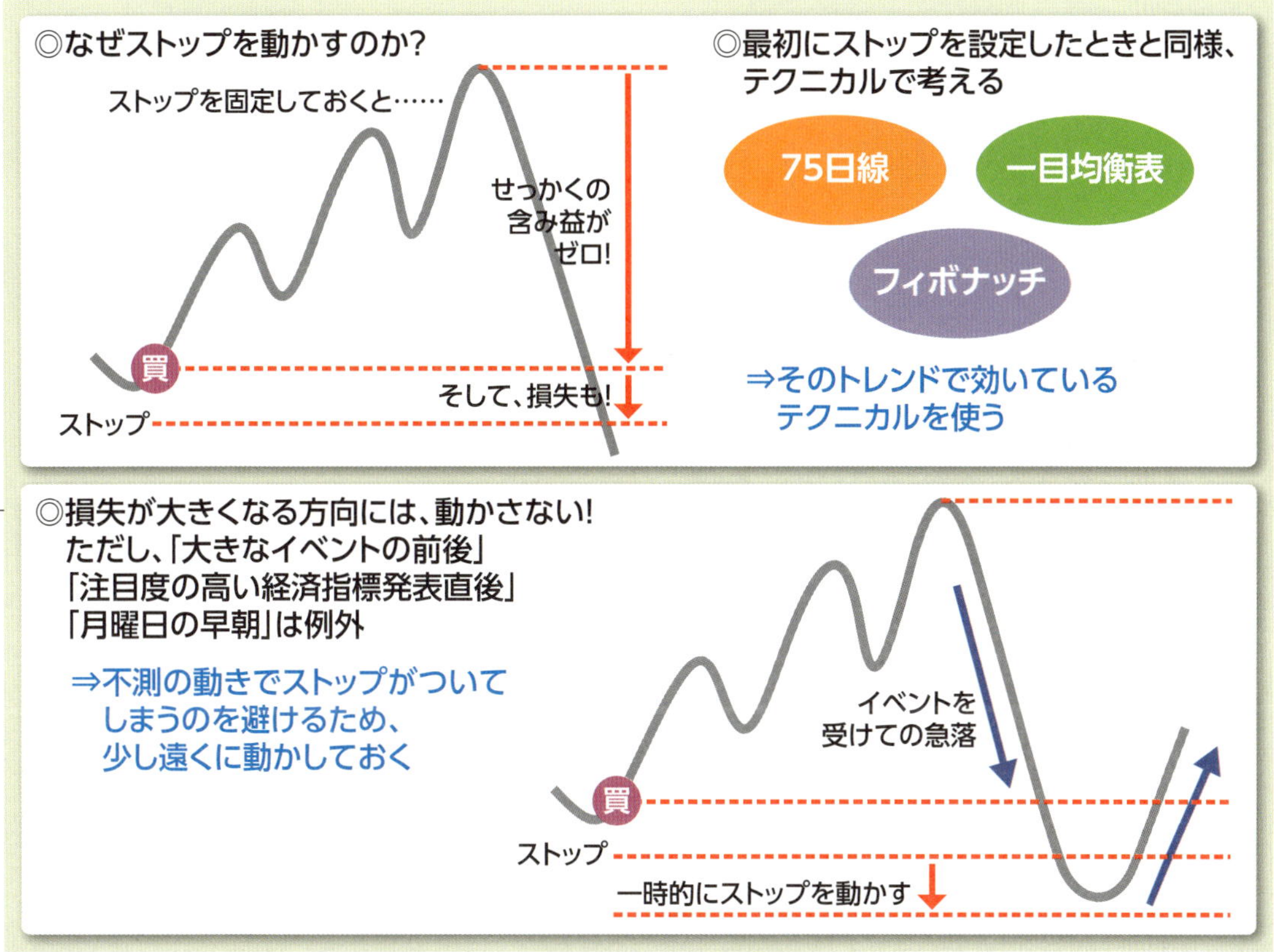

転換線に沿ってトレンドが推移しているようなら、一目均衡表の位置が変わるたびにストップの位置を変更する。

75に設定した日足の移動平均線を上抜けて上昇トレンドが本格化したのであれば、75日線から下に少し離してストップを置き、トレンドの進捗とともにストップを移動させていく。

「今回のトレンドはこのテクニカルをブレイクして始まったな」というような、そのトレンドで効いているものを目安にしていきましょう。

POINT 2 ストップは損失を広げる方向には動かさない

相場が乱高下しそうなイベント前は例外も

ストップを移動させるのは、現在のレートに近づける場合のみ。よほどのことがない限り、不利な方向、つまり、**損失が大きくなる方向へは動かしません**。

買いのトレードなら最初のストップの位置を下に動かすことはない、ということです。売りのトレードなら上に動かしたりしません。

トレードを始める前にリスクとリターンを検討してエントリーしているわけですから、損失を拡大させる方向にストップを動かしては、戦略の前提が崩れてしまいます。

ただし、例外もあります。週末や大きなイベントを控えているときです。

為替相場に影響を及ぼすような大きなイベントの前後や月曜日の早朝。あるいは、中

ストップの基本的な動かし方

●リスクを減らし、利益を確保!!

ユーロ／米ドル 1時間足
最初のストップ
売
レートが1.05を割ったらストップを建値に移動してリスクをゼロに
レートが1.04を割ったらストップを直近安値に移動し利益を確保
安値更新でさらにストップを切り下げ
うまくトレンドに乗れたら、ストップを動かしていく。建値までいけば、損失ゼロ。気持ちに余裕を持ってトレードができる
ストップが約定

央銀行の政策金利や米雇用統計など注目度の高い経済指標が発表された直後。こうしたときは、相場が乱高下するばかりでなく、スプレッドも大きく開きがちです。

予測できない動きでストップがついてしまうかもしれません。ストップがついた直後、思った方向へと戻っていくということもありますから、イベントの直前にはストップを少し遠くに動かしておくことがあります。

ポジションを持った後は「どこで利食おうか」と指値ばかりに目が向きがちです。

しかし、大切なのは指値よりも逆指値、すなわちストップの管理です。ストップを丁寧に管理することは利益の最大化をもたらしてくれるのです。

POINT 3 細かく利益確定し、利益を最大化しよう！

ひとつのトレンドから大きく取る「回転」

うまくトレンドに乗れたとき、僕は**ストップを動かすだけでなく、同時に細かく利益確定と買い増しを繰り返しています。**

その様子を示したのが次ページの図です。最初に買ったポジションの一部をトレンド中の高値で利益確定。押し目では買い増して、再び高値を更新してきたら利益確定、次の押し目で買い増して……と、繰り返していくのです。

これを僕は**「回転させる」**といったりしています。

もちろん、その間、ストップは切り上げていきます。

ストップを動かしつつ、買い増す「回転」

●ひとつのトレードから大きく取っていこう！

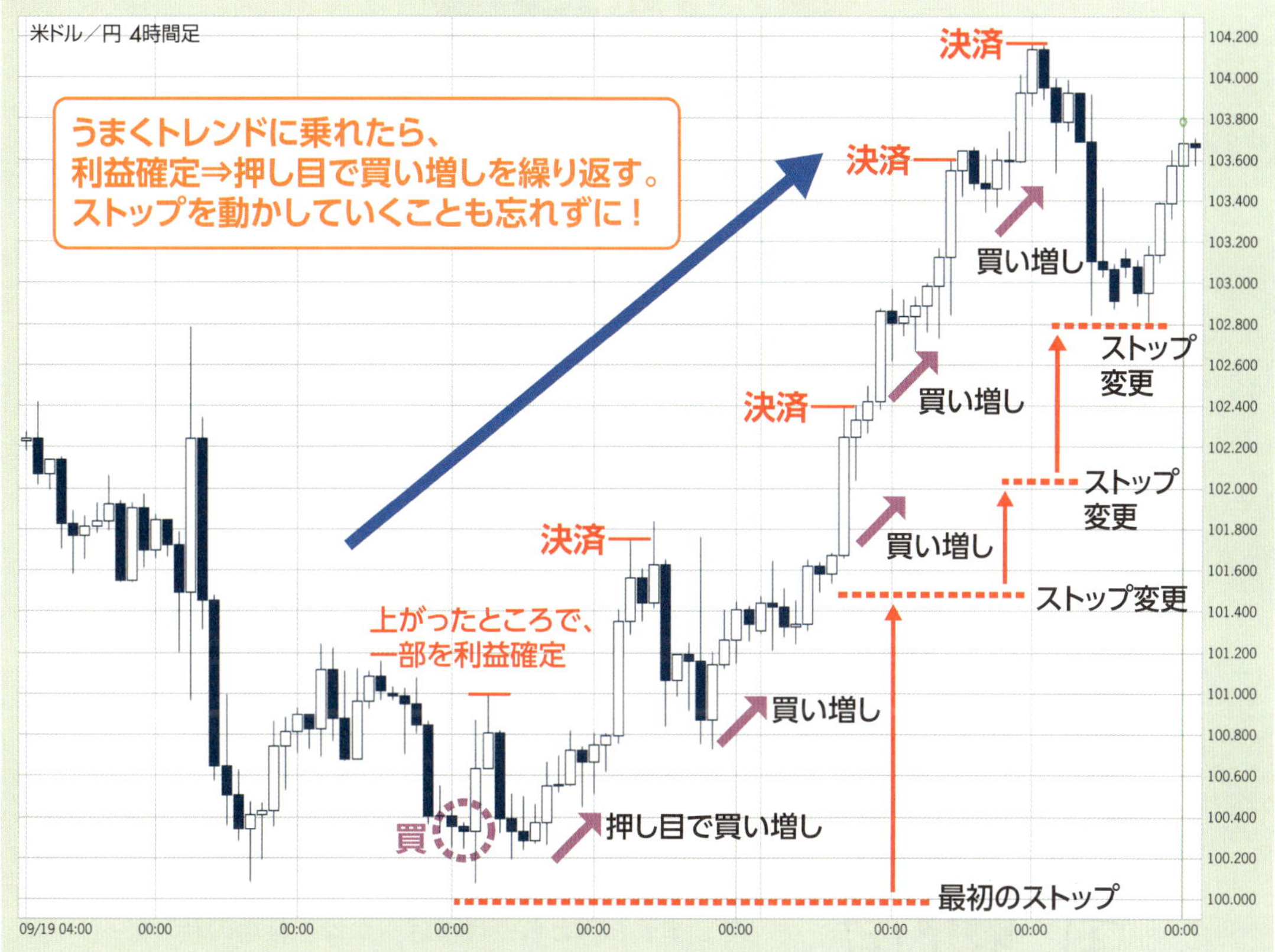

日足や週足といった長いチャートのトレンドにうまく乗れたときは、チャートの時間軸を4時間足や1時間足に落として天井、底を見極めていくことで、ひとつのトレンドからより大きな利益を狙うことができるわけです。

よくセミナーなどで聞かれるのは、こうした複数のポジションを回転させるとき、最初に買った安値のポジションと追加で買った高値のポジションのどちらを残すか、ということです。

どれから決済していっても最終的な損益は変わりません。ただ、最初に買った根っこのポジションを残しておくことで精神的に楽になります。僕はこの根っこのポジションを**「コアポジション」**と呼んでいます。個人的には、コアポジションはすべて利益確定してしまわず、残しておくのがいいかなと思っています。

4章 関連キーワード

含み益

ポジションを決済したとしたら得られる利益。反対に、損失となるのが「含み損」。FXではスプレッドがあるため、取引は含み損からスタートする。

含み損の大きさがストレスとなる場合は、取引数量が大きすぎるか、ストップの位置が遠すぎる可能性があるので見直しを。

回転

新規の買いと手仕舞いの売り、あるいは新規の売りと手仕舞いの買いを繰り返すこと。短期で回転させるポジションは大きな利幅を狙わず、数十pips程度が目安。「打診買い→ストップの切り上げ／回転／買い増し→決済」の繰り返しは西原の得意パターン（98ページ参照）。

西原に聞け！

Q 「1日50pips」など収益目標を立てたほうがいいですか？

A 不要です。いくら儲かるかは相場次第ですから

僕自身は「1年でいくら」といったメドはありますが、月単位や週単位の細かな収益目標は決めていません。どれだけ稼げるかは、相場の状況によるところも大きいからです。

テーマ不在でレンジ相場が長く続けば、収益をあげるのは難しいですし、そんな相場で目標を達成しようとムリしてトレードを重ねると、ジリジリと資金を減らしてしまうリスクがあります。

一方で、アベノミクスが始まった当初のような、わかりやすいテーマがある相場では、楽に収益をあげることができます。儲けることばかりに固執せず、トレンドを見つけること、リスク管理を徹底することを第一に考えてください。

常識にとらわれるな。
それは他人の考え方で生きていることなのだから。
Don't be trapped by dogma – which is living with the results of other people's thinking.
（スティーブ・ジョブズ／アップル創業者）

5章

西原のトレードに学ぶ実践テクニック

これまでに解説したチャートの見方やファンダメンタルズ分析の
考え方を、実際のトレードの中でどう活かすか?
本章では、実践テクニックとして、メールマガジンを引用しながら、
僕の過去のトレードを振り返っていきます。
また、1～4章で紹介できなかったテクニックも披露します。

practicing

その1

［チャートに従う］

Brexitのポンド暴落予兆は半年前に

POINT 1 チャートが示していた英ポンドの歴史的下落

POINT 2 週足チャートが3年ぶりのトレンド転換を示唆

POINT 3 フィボナッチ・リトレースメントで節目をチェック

POINT 1 チャートが示していた英ポンドの歴史的下落

歴史的な下落の始まりは半年前から

チャートが示す〝事実〟に従って、トレンドに乗る。そして、リスクを徹底して避ける――。

ここまで紹介してきたFX戦略の基本に従ったトレードとしてわかりやすいのが、2015年末から2016年の英ポンド／円のショート（売り）です。

為替市場では1年に1度くらい、誰もが注目する大きなトレンドが発生します。**2016年のメイントレンドは英ポンドの下落**でした。背景にあったのは、6月のEU離脱を問う国民投票の実施です。

実際、国民投票の結果が判明した日、英ポンドは暴落。対円では1日で約26円もの歴史的な下落となりました。

しかし、僕は国民投票があるから、英ポンド／円を売ろうと思ったわけではありません。まさか、国民投票でEU離脱が決まるとも思っていませんでした。

メイントレンドが生まれるとき、ファンダメンタルズとともにチャートがトレンドの発生を教えてくれることがあります。**英ポンド下落も、Brexitが決まる半年前にはチャートにその兆候が表れていました**。ファンダメンタルズを知らずとも、チャートに素直に従っていれば、2015年末からの英ポンド売りは必然の選択だったのです。

2015年末に始まっていた英ポンド下落

●ずっと機能していたテクニカル指標が破られたら方向転換の予兆

POINT 2

週足チャートが3年ぶりのトレンド転換を示唆

大手銀行の予想で英ポンド下落が加速

日本でアベノミクスが始まった2012年末以降、英ポンド／円は上昇トレンドに入ります。週足の雲や75週線を下抜けることなく、強いサポートとなり上昇してきました。

しかし、2015年末になると様子が一変します。**ローソク足が3年以上も割ることのなかった75週線と雲を下抜け**たのです。日足でも21・75・200の移動平均線が下向きで揃い、下落トレンドの開始を示唆していました。

さらに、大手銀行モルガン・スタンレーが英ポンド／円の売りを翌年の推奨トレードと発表。年末が近づくと大手銀行は一斉に翌年の予想や推奨トレードを発表します。モルガン・スタンレーはこのころ、予想が当たっていて、それが僕の相場観とも近かったため注目していました。

このモルガン・スタンレーの予想に注目していたのは僕だけではなかったのでしょう。発表と同じタイミングで、チャートでは英ポンドの下落トレンドが始まりました。

クリスマス前後は欧米勢のバカンスシーズンで市場が薄くなり、ちょっとしたポジションの傾きで市場が大きく動くことがあります。

この年も翌年のメイントレンドを先取りするように、英ポンドが勢いよく下げていきました。

節目はフィボナッチの50%

●Brexit前の英ポンド／円トレード

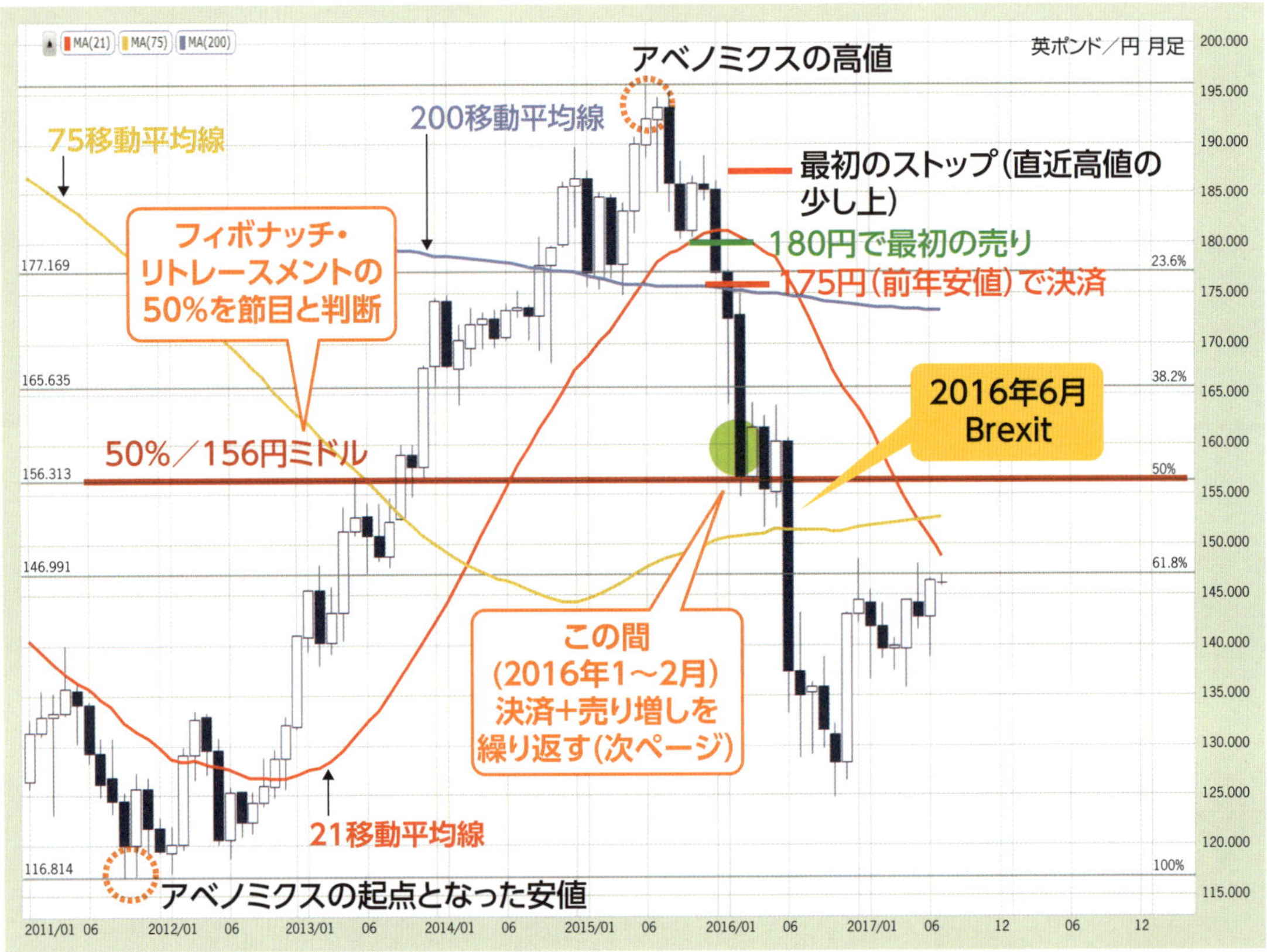

POINT 3

フィボナッチ・リトレースメントで節目をチェック

「50%」ラインが強いサポートに

2015年12月、僕は180円で英ポンド／円のショートポジションを取りました。

ストップは直近高値の少し上。ターゲットは5円ほど下の当年安値と、20円ほど下の200週線割れ、2つをメドとしていました。

ところが、当年安値のターゲットは年明け早々に達成。いったん決済してポジションをゼロにしました。

さらに、深めのターゲットと考えていた200週線も、2月に割り込んでいきます。

この時点で、週足の移動平均線は3本が下向き、ローソク足も200週線の下側に移動していました。そこで再び、161円で売りポジションを取ります。

「ストップは200週線超に置いています。スウィングとしては戻り待ち。年末年始、英ポンド／円は28円も動いていますので、ボラティリティに合わせてリスクコントロールを」（2016年2月22日配信）

当初のターゲットだった200週線を明確に下抜けたことで、次は200週線がレジスタンスとなると考え、その上にストップを置きました。

また、アベノミクスによる円安の始点と終点でフィボナッチ・リトレースメントを引くと、50%水準が156円ミドル。50%の水準は節目とな

1時間足で効率的な短期売買

●1時間足チャートで決済＋売り増しを繰り返す

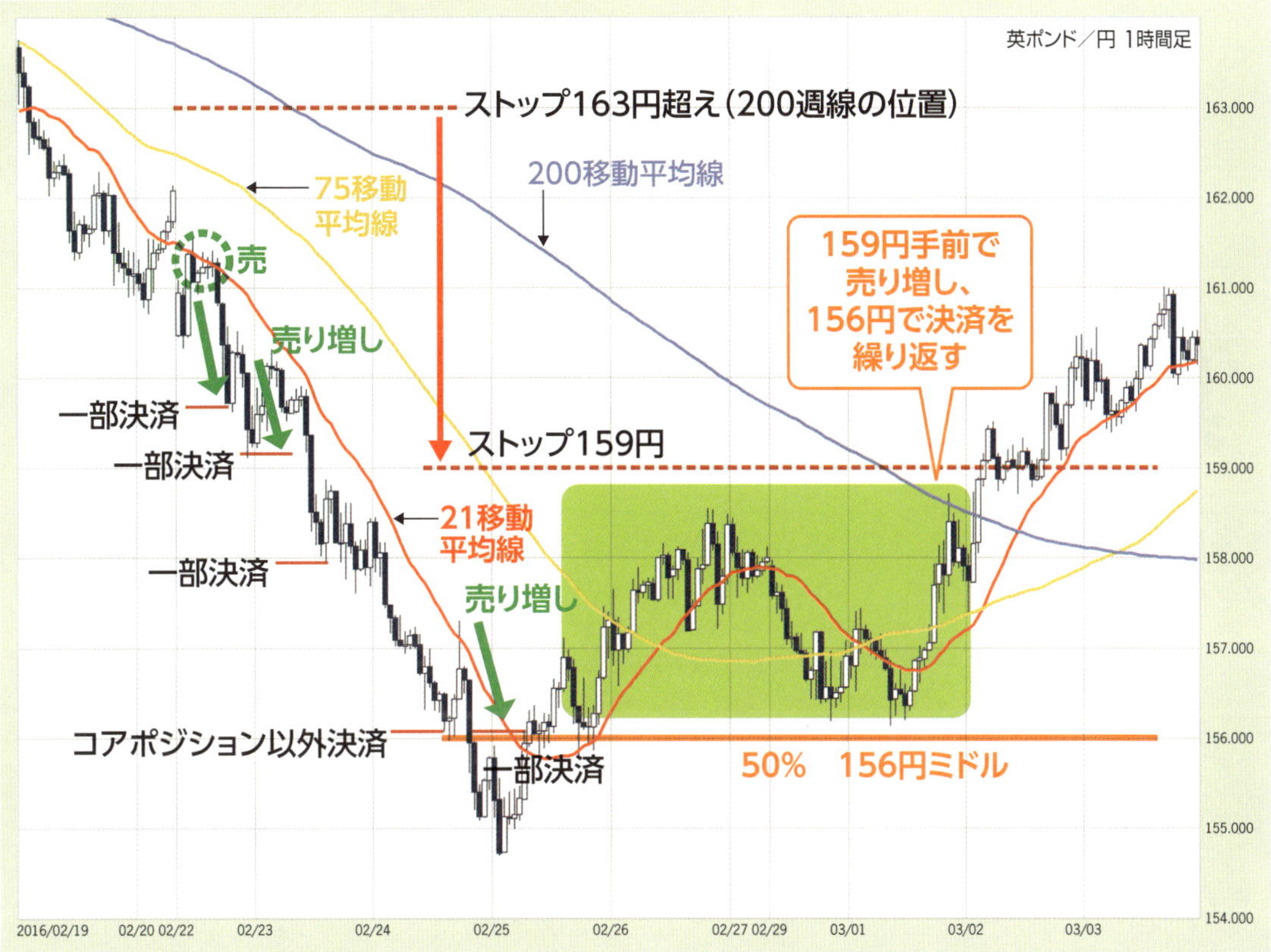

りやすく、いったん下げ止まるだろうと考えられます。**50%を利益確定の目安として、1時間足のチャートで売り増しと一部決済を繰り返し**ていきました。「上がったら売り、50%の156円ミドルで決済」という効率のよい短期売買ができました。

国民投票当日のトレードは超短期のみ

そして、2016年6月23日の国民投票。僕が直前に示していた方針は、「英ポンド／円は超短期以外はパス」（2016年6月23日配信）。

流動性に不安があり、思った価格で約定しないリスクがあったからです。

Brexitという大きなイベントにまつわるトレードでも、基本はやはり、「チャートに従う」ことです。結果、半年間で大きな利益をあげることができました。

5章 関連キーワード

モルガン・スタンレー

ニューヨークに本社を置く投資銀行。ゴールドマン・サックスやJPモルガンなどと並び、投資銀行の「名門」と称される。

リーマンショックでは一時、経営危機に陥ったが、三菱UFJフィナンシャル・グループとの資本提携で復活を遂げた。

バカンスシーズン

欧米勢が休暇に入るクリスマス前後や8月は、流動性の低下から値動きが小さくなりやすい。

また、過去には日本勢が市場から消えるゴールデンウィークにヘッジファンドが円買いを仕掛けたことも。最近では、中国勢の大型休暇である2月初旬の春節も注目される。

その2

practicing

［コンセンサスを疑え！］

トランプラリーに真っ先に乗れた理由

POINT 1 コンセンサスに縛られず、チャートで判断

POINT 2 チャートは一貫して円安トレンドだった

POINT 3 100円の底堅さと75日線の回復が決め手に

POINT 1 コンセンサスに縛られず、チャートで判断

みんなが思い込んでいた「トランプなら円高」

大きなイベントでは、事前のコンセンサスを知っておくことは基本です。しかし、多くの人の意見が一致していたとしても、それもひとつの予想に過ぎません。

コンセンサスに縛られることなく、マーケットの想定外の動きにも柔軟に対応すべき——そんな思いを新たにしたのが、２０１６年11月９日のアメリカ大統領選挙です。

覚えている方も多いと思いますが、選挙期間中、日本の論調は次のような見解でほぼ一致していました。

「ヒラリー当選なら米ドル／円は円安へ」

「トランプ当選ならリスクオフで円が買われやすくなり瞬間１００円割れも」

投開票前日の米ドル／円は１０５円付近でした。しかし、開票作業が進み、トランプの優勢が徐々に明らかになると下落して、一時１０１円20銭の安値をつけます。コンセンサス通りの動きです。

しかし、**トランプ当選が確実になると米ドル／円は一転して上昇**。予想とは正反対に高値更新を続けたのです。

コンセンサスに従えば、トランプ当選濃厚でショートポジションに傾くのも仕方がないように思います。でも、コンセンサスとチャートが反対の動きを示したとき、当然、チャートに従うべきなのです。

米ドル／円、底堅かった節目の100円

●アメリカ大統領選前の米ドル／円トレード

POINT 2

チャートは一貫して円安トレンドだった

100円の大台が割り込めない

米ドル／円に対して、選挙の2か月前からロング(買い)ポジションを取っていました。

なぜなら、100円が底堅かったからです。100円は心理的にも大きな節目となります。100円が堅いなら、「100円台前半で買い、ストップは100円割れ」という戦略が成り立ちます。ストップが近いためリスクは小さく、一方で大きな利幅を狙っていけたのです。さらに11月に入ると**日足チャートでは3本の移動平均線のうち21日線や75日線が上向き**となり、ローソク足を上抜けていました。

とはいえ、この時点でコンセンサス自体を疑っていたわけではありません。選挙戦前日、僕はメルマガで次のような見通しを配信していました。

「コンセンサスとしては、『もしトラ（もしも、トランプが大統領になったら）』が実現すれば、100円割れ。ヒラリーなら105円といったところ。多くの人がヒラリー勝利を予想しているので、ヒラリー勝利で上がったところには、『セル・ザ・ファクト』の利食い売りが入りそう。ただ、その場合も大きく下げず底堅いイメージ」（2016年11月7日配信）

この見通しに従い、大統領選当日、ポジションはすべて決済。投開票に反応しての乱高下を避けるためです。

開票直後にロングにした理由

●チャートが示した“トランプ後”の上昇トレンド

POINT 3

100円の底堅さと75日線の回復が決め手に

開票当日の乱高下も下ヒゲの長い陽線

では、開票作業を見ながら僕は何を考えていたのか。

トランプ優勢が報じられると米ドル／円は101円まで下がり、21日線や75日線を大きく割り込んでしまいます。

しかし、その後、反転上昇を始めました。11月9日につけた安値は101円20銭。「大惨事」と言われたBrexitの安値99・02銭どころか、100円も割れていません。**アベノミクスの50%水準である100・60円までも落ちていません**でした。

やがて反転上昇して、ローソク足は75日線を回復。これを確認し、僕は米ドル／円のロングポジションを取ります。

「75日線を超えたあたりから短期売買でロングにしていますが、少額ドル円のロングをスウィングポジションに。ストップを101円に置いてドル円のロングをキープする予定」（2016年11月9日配信）

ファンダメンタルズを除外して、**テクニカルだけで見れば、11月9日の値動きは、陽線が長い下ヒゲをつけただけ**。上昇継続と判断できます。

選挙翌日には、ローソク足が200日線も上に抜けて完全に買いの形となったのです。

数日後、大統領選を振り返り、僕はこんなメールを配信しました。

「Brexitの記憶が強かったため、アジア勢を中心に

コンセンサスに反して動いた米ドル／円

●アメリカ大統領選前の米ドル／円トレード

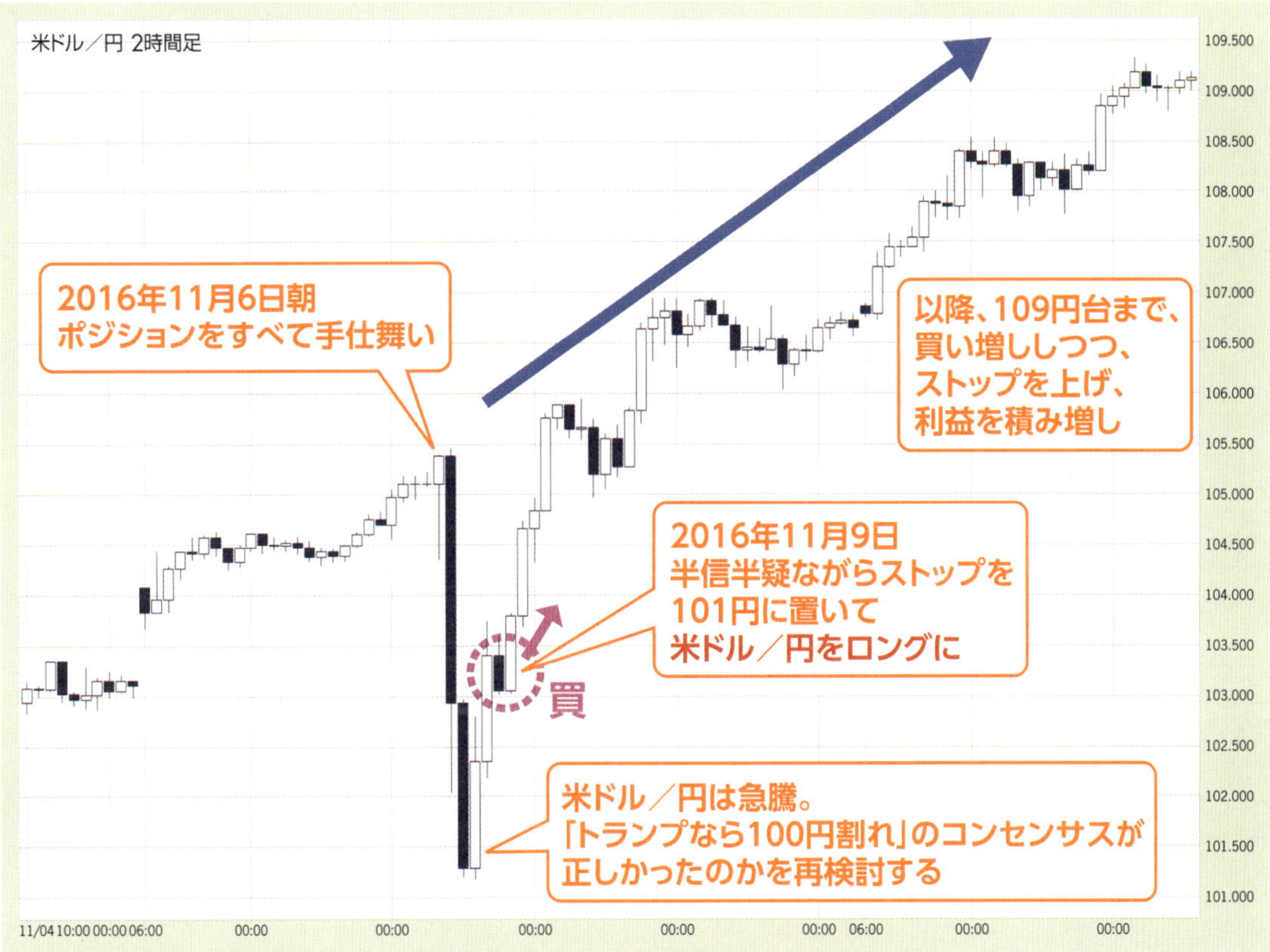

『トランプなら株安・円高』と思い込んでいました。トランプの政策はこれからつめていくのでしょうが、『トランプノミクス』はリフレ派に近い。株高・円安を誘発しやすい政策ですから、そこから考えれば当然の値動きだったのかもしれません」（2016年11月13日配信）

アナリストやメディアの意見がひとつの方向に傾くと、どうしてもその目線に引っ張られがちです。そんなときは、日本国内だけでなく、海外ではどういう論調になっているのか、英語のウェブサイトをチェックしてみるといいかもしれません。

いずれにせよ、コンセンサスは絶対ではありません。「みんながそう言っているけど、本当だろうか？」と疑うことは大切です。それが、大きなチャンスに結びつくこともあるのです。

5章 関連キーワード

コンセンサス

主要な経済指標や中央銀行の会合の前、専門家やメディアの予想がほぼ一致することがある。指標の結果から先々の値動きを考えるなら、コンセンサスの確認は欠かせない。

リフレ

リフレーションの略。金融緩和などの金融政策によって、デフレから脱却させ安定的な経済成長をめざすというのがリフレ政策。アベノミクスが打ち出す金融政策の理論とされる。

practicing

その3

［セル・ザ・ファクト］

うわさで買って事実で売ったFOMC

POINT 1 トレードに活かしたい「セル・ザ・ファクト」

POINT 2 FOMC前の利上げ発言で、期間限定のロング

POINT 3 ロングはFOMC前日に決済、当日はドテン売り

POINT 1 トレードに活かしたい「セル・ザ・ファクト」

目ざとい人はうわさで動く

「オーストラリアは利上げが近そうだ」との予想が出て豪ドルが買われるものの、実際に中央銀行が利上げを発表すると下がり始める——。

相場格言でいう「**うわさで買って、事実で売る**（バイ・ザ・ルーモア、セル・ザ・ファクト：Buy the Rumor, Sell the Fact）」の動きです。

なぜこうした動きが起きるのでしょうか。

買い材料のうわさが出た段階で、目ざとい人は買っていきます。実際の発表に向かってうわさの信憑性が高まると買い手が増え、さらに上昇します。

買い手が利益を確定するのが、結果発表の直前・直後です。買い手が一斉に手仕舞いに走るとレートは下落し、「セル・ザ・ファクト」となります。

為替市場でも株式市場でも、この動きはよく見られます。中央銀行の政策発表や選挙、経済指標など起きるきっかけはさまざまですが、トレードにすぐに活かせる考え方です。

セル・ザ・ファクトを利用したトレードは、**うわさの段階で買い、①発表直前で手仕舞うか、②発表後の下落で売るか**。また、両方を狙っていくこともできます。

これをどうトレードに活かすのか、２０１７年の事例でご紹介します。

うわさと値動きの関係

●金融政策の発表や選挙、要人発言で、こう動く！

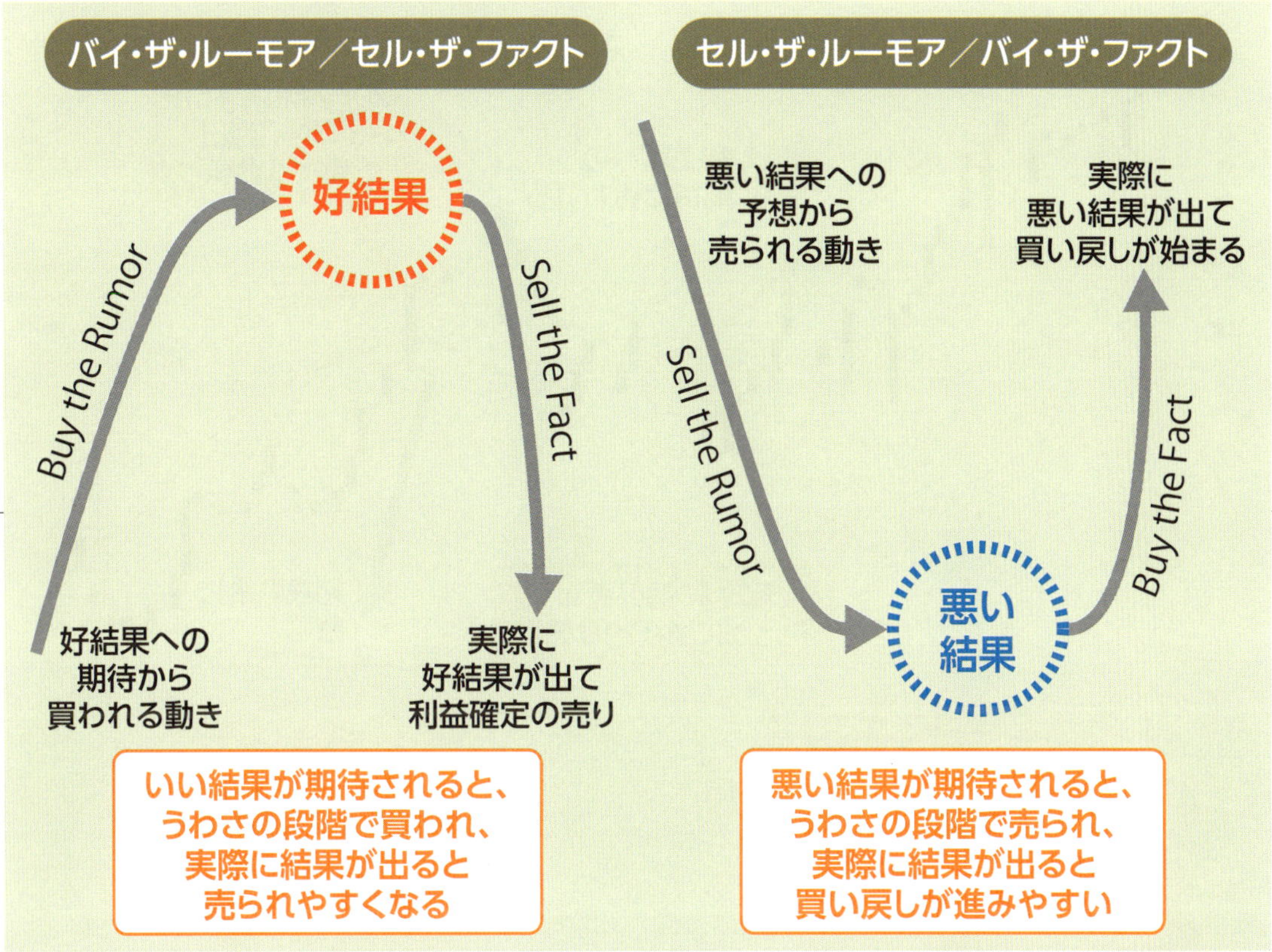

POINT 2

FOMC前の利上げ発言で、期間限定のロング

決め手はイエレンFRB議長の発言

うわさでの買いと事実での売り、両方のパターンがきれいにはまったのが2017年3月のFOMCでした。

当時の状況を簡単に振り返ると、前年12月にトランプラリー高値の118円66銭をつけてから反転、112円台まで下げていた時期です。「トランプ政権は公約を本当に実行できるのか？」と疑念が持たれ始めてもいました。

トランプ大統領の登場で先行きの不透明感が高まり、利上げか据え置きか、見方が割れていました。

しかし、2月末になるとFOMC関係者から利上げに前向きな発言が出始めます。

利上げのうわさが広まると米ドル／円は緩やかに上昇を始めました。3月上旬にはイエレンFRB議長が「緩やかな緩和策解除が適切となる可能性が高い」と発言し、利上げはほぼ確定的となりました。

ここで僕は米ドル／円のロングポジションを取ります。

「ドル円に関してはターゲットというより時間軸（15日まででですが）で見ておりストップを上げながら、できるだけコアロングをひっぱる予定」（2016年3月11日配信）

15日のFOMCで利上げをすれば反落するだろうと、セル・ザ・ファクトの動きを想定した期間限定の買いポジションでした。

FOMCをはさんでの米ドル／円

●2017年3月のFOMCは「バイ・ザ・ルーモア、セル・ザ・ファクト」の典型に

POINT 3

ロングはFOMC前日に決済、当日はドテン売り

FOMC直後には1円以上の急落

ロングポジションのストップは、直近安値の少し下。安値が切り上がるたびにストップも上げていき、利益を確保していきました。そして、FOMC前日にはすべてのポジションを手仕舞い。およそ1円20銭の利幅です。

続いて、ロングからひっくり返し、売りポジションを作ってFOMCを待ちました。

「ドル円のロングを114・90円でスクエアに。ドル円を短期で114・90円でショートに。ストップは115・30円」（2017年3月14日配信）

FOMCが政策金利を発表するのは深夜3時。うわさ通りに利上げが発表されました。本来なら、ドル買い材料の利上げですが、すでに買いたい人は買っています。**発表後は利食いによる売りが優勢となり、直後に1円以上の急落**。

セル・ザ・ファクトを見越してFOMC直前に作った売りポジションは、111円までストップを切り下げながら約2週間持ち越し、最終的に110円台で決済しました。

結局、FOMCを挟んで113円台で買って約115円で決済、ドテン売りして110円で決済と効率よく稼げた1か月でした。

このトレードでは特別なテクニックは使っていません。FOMCをはさみ、バイ・ザ・

うわさ買いのポジションはイベントまでの期間限定

●ストップを動かしながらの効率のいいトレードに

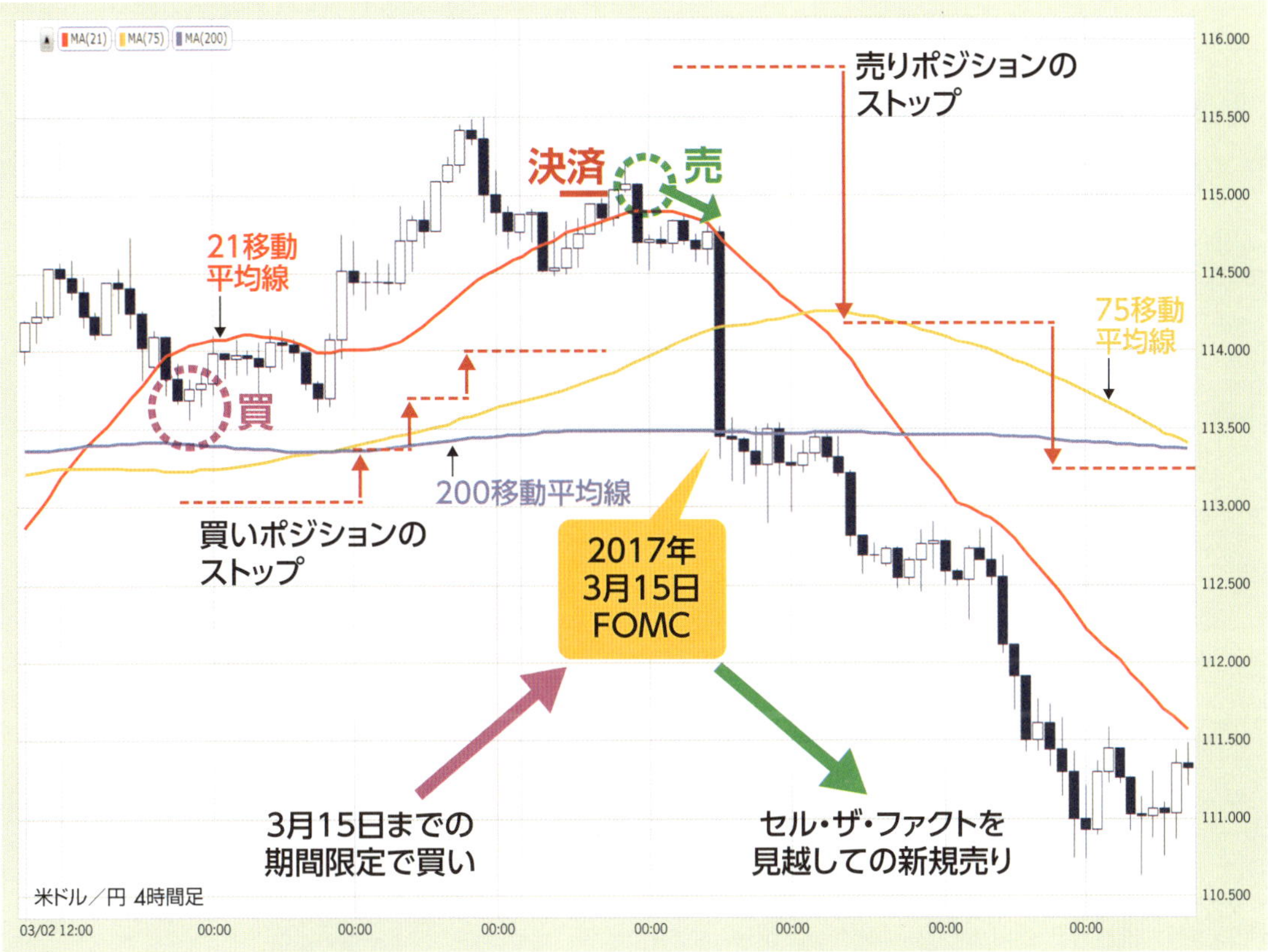

ルーモアとセル・ザ・ファクトを行っただけです。

悪材料で買われる「バイ・ザ・ファクト」

もちろん、逆のパターンもあります。悪材料の**うわさで売られ、実際に悪材料が出ると反転上昇する「バイ・ザ・ファクト」**のパターンです。

政策金利の引き下げやネガティブなイベントを無事に終えたときに発生しがちです。

2017年6月には、トランプ大統領に解任されたFBI長官の議会証言前後でバイ・ザ・ファクトとなりました。

議会証言前には、「爆弾発言が出るのでは？」との不安から米ドルが売られ、何ごともなく終わったことで買い戻されたのです。

イベントを控えてのうわさと値動きのこの関係、ぜひ覚えておいてください。

5章 関連キーワード

うわさ

金融市場ではさまざまなうわさや憶測が飛び交う。そうした情報は鵜呑みにせず、「誰が発信者なのか」「何を根拠としているのか」を確認することが大切。

ドテン売り

買いポジションを決済するのと同時に、売りポジションを取ること。

証言

アメリカの連邦議会で行われる証言には、定期的に開催されるものもある。代表例がFRB議長の証言。通常、2月と7月に行われるこの証言は、根拠となった法律の名前から「ハンフリー・ホーキンス証言」と呼ばれることもある。

practicing

その 4

［サイクルと打診］

「半年サイクル」で大底を予測

POINT 1 相場のサイクルを活用する

POINT 2 「半年サイクル」なら今が大底と米ドル／円をロングへ

POINT 3 小さく入る「打診」でリスクを抑える

POINT 1 相場のサイクルを活用する

相場の波は一定周期で出現する

1982年、1990年、1998年、2007年、2015年――。

これらの年号はそれぞれ米ドル／円が高値をつけた年です。勘のいい人なら、ほぼ8年おきに並んでいることに気づくかもしれません。

相場の波は一定の周期で出現する、として、天井や大底を予測するのが「サイクル」理論です。

サイクルは為替に限らず株やコモディティ、景気などさまざまな分野で観測されます。

例えば、ロシアの経済学者によって主張された「コンドラチェフの波」は景気循環のサイクルで、50年周期の超長期サイクルです。

分析方法によって期間はさまざまで、8年おきに高値をつける場合、「8年サイクル」などと呼ばれます。

サイクルは必ず的中するというものではないですが、天井や大底の判断を補強する材料のひとつとなります。

僕もここ数年、サイクル理論に興味を持ち、自分のトレードにどう活かせるか勉強しているところです。

サイクルの発見は、チャートを見ながら自分でローソク足の本数を数える人もいますが、なかなか大変な作業です。

僕のメルマガでは注目すべきサイクルを紹介していますので、参考にしてください。

相場の波は一定の周期で現れる

●ほぼ8年おきに高値をつける米ドル／円の「8年サイクル」

POINT 2 「半年サイクル」なら今が大底と米ドル／円をロングへ

レンジが長いほど その後の動きは大きくなる

サイクルが底打ちの判断となったトレード例があります。2017年6月の米ドル／円です。

当時、米ドル／円は底値圏でレンジを形成し、下目線の人が多い時期でした。しかし、安値を割り込むほどの勢いはありません。1日30銭も動かない日があったり、ボラティリティが低下してトレードしにくい相場が半月ほど続きました。

ただ、いつまでもそういう相場が続くわけではありません。**膠着が長く続くほど、その後の値動きは大きく**なります。

そんなときに注目したのが「半年サイクル」です。**前年の6月に99円、12月に118円と、それぞれ半年ごとに節目となる安値と高値**をつけていました。

このサイクルが有効だとすれば、前年12月から半年後となる6月には高値か安値をつける可能性があります。当時は安値圏にありましたから、有望なのは「6月が安値となって反発するシナリオ」です。

チャート的には、十分に自信を持って買っていける形とはいえませんでした。しかし、FOMCでドル高材料となりそうな発表があったこと、109円台の堅さなどもあって、半年サイクルに期待して米ドル／円を買っていったのです。

半年サイクルから“底”を予想

●「半年サイクルなら今が安値圏」と推測

POINT 3

小さく入る「打診」でリスクを抑える

狙い通りなら取引量を増やす

半年サイクルを頼りに買ったものの、強い自信があったわけではありません。そのため、最初は「打診買い」です。**「打診」とは、通常でのトレードが10万通貨だとしたら、様子を見るために、まずはその3分の1程度でエントリーすること。**

思った通りの展開になればポジションを増やしていきます。打診買いのあと、勢いよく上昇すれば高値を追って買い増すこともありますし、押し目を待って買い増す場合もあります。

今回は、最初にエントリーを考えた位置が直近高値の付近でしたから、高値づかみとなる可能性があります。**エントリーのレベルが悪いため、打診買い**でスタートすることにしたのです。

打診買いで小さく入った場合、どこかでポジションを追加します。このときは、エントリー後に押し目を作ったところで追加することをイメージしていました。

しかし、押し目なく高値を更新する形となったため、打診買いしたレートよりも10銭ほど上で買い増しをしていきます。

しばらくすると、押し目を作ってくれたので、さらに買い増しをします。結局、①打診買い、②高値で買い増し、③高値更新後の押し目で買い

エントリーレベルが悪ければ、まずは「打診買い」

●全力の3分の1程度で小さくエントリー

増しと、都合3回に分けてエントリーしていく形となりました。

その後、米ドル／円は半年サイクルが有効となり、上昇していきました。**ストップを切り上げながら、打診買いから20日間後にすべてのポジションを決済**しました。

打診買いしたのが110・80円、スクエアにしたのが114・10円でしたから、3円30銭ほどの値幅を抜くトレードとなりました。

FXで「どこで入るか」はとても大切なことです。しかし、いつもベストなポイントでエントリーできるとは限りません。

最初は打診買いで小さく入り、方向性があっていることを確認しながらポジション量を増やしていく——。

リスク管理にもなる「打診」という発想。ぜひ、トレードに取り入れてください。

5章 関連キーワード

コンドラチェフの波

50年周期で景気循環が訪れるとする「コンドラチェフの波」の根拠は、「技術革新」。このように、サイクルの中には論理的な根拠もあれば、偶然がもたらした結果もある。そのため、中には長期間、通用するサイクルもあるが、短期的な周期性で終わることも多い。

1日30銭

米ドル／円の平均値幅（高値と安値の差）は、1日80銭ほど。30銭しか動かないと、変動が相当小さいということになる。1日の中でどこまで上がるか、下がるかを考えるとき、「今日はまだ40銭しか動いていないから、あと40銭くらいは動きそうだ」とターゲットを考える材料にもできる。

practicing

その5

［打診と回転］

丁寧なエントリーで利益を最大化させる

POINT 1 反転を警戒し、豪ドル／米ドルを打診売り

POINT 2 鉄鉱石価格を注視し、オプションで利食い

POINT 3 トレンド継続で「回転」させながら利益を伸ばす

POINT 1 反転を警戒し、豪ドル／米ドルを打診売り

チャートに加え副総裁の口先介入も

「打診」を使ったトレードをもうひとつ、ご紹介します。2014年10月からの豪ドル／米ドルのショートポジションです。少々古いものになりますが、このときのトレードは、コモディティやオプションなども登場するので、4章までの内容の復習として、参考にしてみてください。

2014年秋口、レンジが続いていた豪ドル／米ドルのチャートに動きが出ました。**日足に引いた移動平均線、21日線、75日線、そして200日線が相次いで下向き**に転じたのです。

チャートは下降トレンドの始まりを示し、同じころ、RBA（オーストラリア準備銀行）副総裁から次のような発言がなされます。

「ファンダメンタルズに比べて豪ドルは高すぎる」

為替レートについて、ここまで直接的に発言すれば、為替市場は反応せざるを得ません。**直近高値の少し上をストップに、ショートポジション**を取ることにしました。ただ、すでに豪ドルは急落していたため、反転の可能性もある。そのため、まずは打診売り。

思惑通りに下落したら売り増していく方針でしたが……ストップを置いた水準に達する前に損切りをしました。

それというのも、豪ドルの下落という見通しは変わらな

2014年秋、豪ドル／米ドルに注目した理由

●「打診売り」で様子を見ながら第1弾エントリー

いものの、通貨ペアの相手である米ドルで金利の低下が顕著となり、対豪ドルを含め全面安となっていたためです。

不透明感が濃くなってきたときに、無理してポジションをキープする必要はありません。そもそも打診での少額ポジションですから、損切りしても大きな損失とはなりません。一度リスクをゼロにして、次のチャンスを待てばいい。

中央銀行副総裁がはっきりと「豪ドルは高すぎる」と言っているわけですから、次の機会を狙っていました。

POINT 2 鉄鉱石価格を注視し、オプションで利食い

鉄鉱石価格の下落で豪ドルはどう動くか

次なるエントリーのチャンスを狙っていた僕は、**鉄鉱石の価格を注視**していました。

オーストラリアは世界でも一、二を争う鉄鉱石の産出国であり、輸出の主要国です。

鉄鉱石価格が堅調なら豪ドルの上昇に追い風となります。鉄鉱石価格が下がれば豪ドルは売られやすくなります。

2014年後半、鉄鉱石価格は大幅に下落。しかも、同時に豪ドルは年初から買われる動きが続いていました。加えて、主要な輸出相手国である中国経済が変調をきたして、需要も落ち込んでいる。

鉄鉱石価格の下落・自国通貨高・中国経済の変調というトリプルパンチです。

こうした状況を考えると、中央銀行の口先介入は簡単に終わらず、豪ドルの価値をか

打診売りからの売り増しで300pips

●300pips以上の利益となった豪ドル／米ドル第2弾トレード

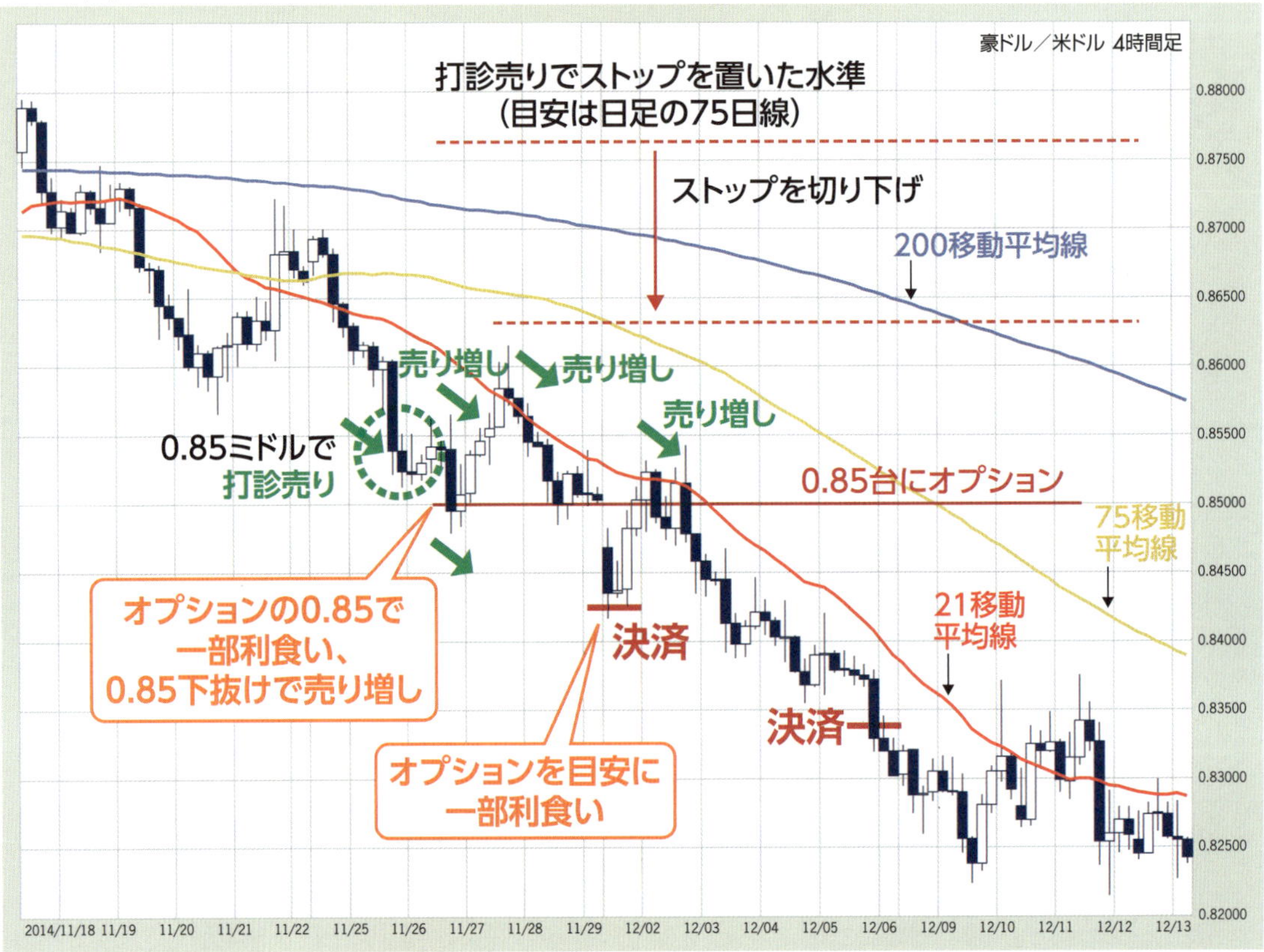

なり下げたいのだろうと推察できたのです。

再びショートで入ったのは、11月末のことでした。

最初はやはり**打診売りでのエントリー**です。少額を0・85台ミドルの水準で売っていき、少し戻したところで売り増していきました。

その一部を利食ったのは0・85台。この水準にオプションが設定されていたのです。巨額のオプションがたまっている水準では、動きが止められやすくなります。いったん下げ渋ることが予想されたため、売り増したポジションを利食ったのです。

予想通りに**0・85のオプションで反転上昇し、4時間足の21移動平均線まで戻して**いきます。

そこで今度は売り増していきながら、ストップの位置を変更するという細かなトレードを重ねていきました。

このショートポジションを手仕舞ったのは、12月初旬。結果、300pips以上の利幅となりました。

POINT 3

トレンド継続で「回転」させながら利益を伸ばす

3度目のショートエントリー

まだ日足が下降トレンドを明確に示していたので、手仕舞いから約1週間後、再び打診売り。

4時間足に表示した21移動平均線に沿ったきれいな下降トレンドになっていました。

打診売り→戻りでの売り増し→ストップの切り下げ→利

きれいな下降トレンドに乗って「回転」

●大手銀行の推奨トレードを背景にして、豪ドル／米ドル第3弾トレード

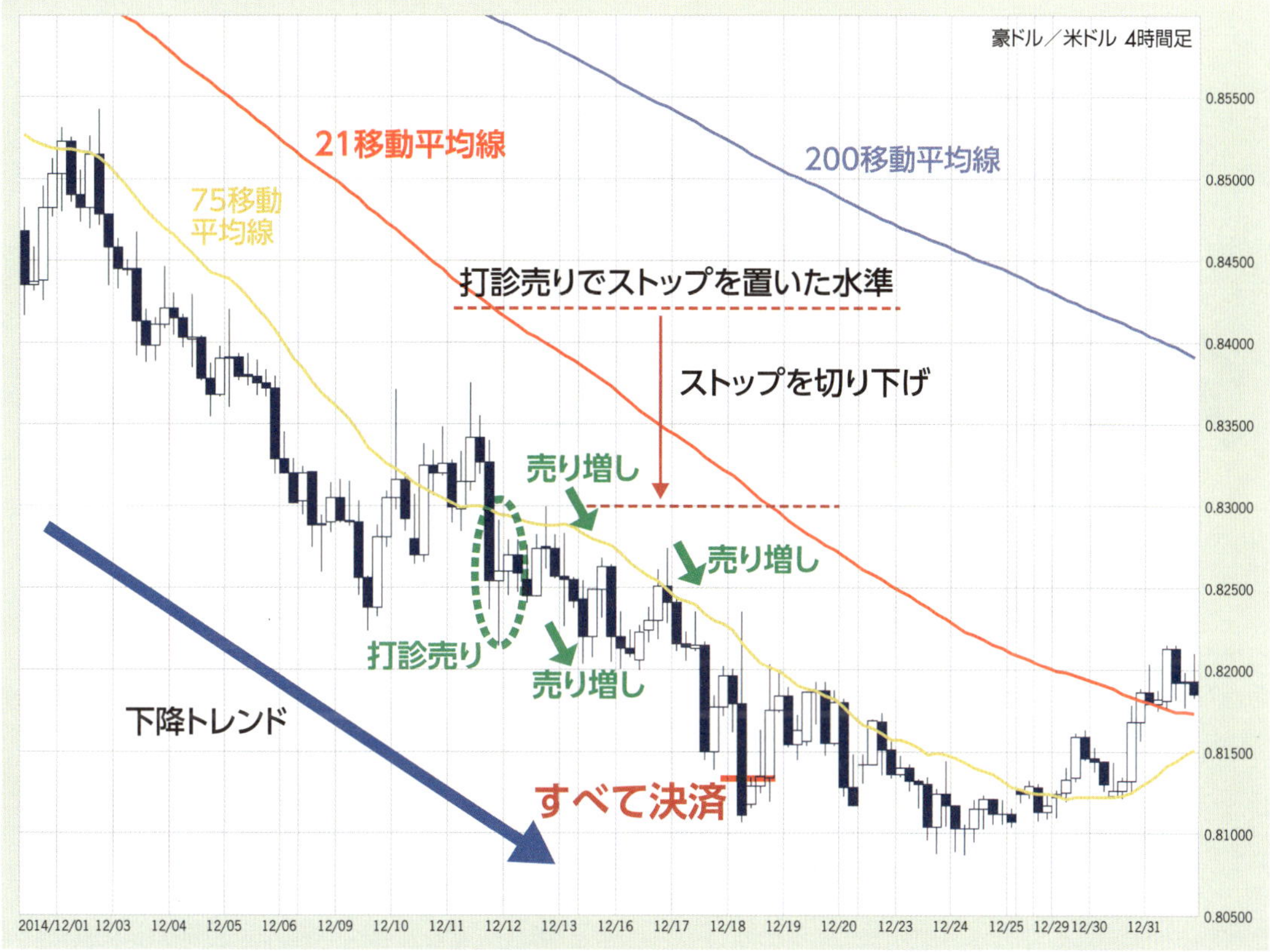

益確定と、うまく回転させることができたのです。

年末は大手銀行の推奨銘柄をチェック

この豪ドル／米ドルの下降トレンドには、実は追い風がありました。大手銀行が年末に発表する推奨トレードです。

もちろん、推奨トレードがすべて当たるわけではありません。しかし、プロの注目度も高く、年末年始のうちに推奨された方向へ動き始める傾向があるのです。

豪ドル／米ドルについても、ある銀行が「来年のレコメンダブル・トレード第1位は豪ドル／米ドルの売りだ、ストップは0・90、ターゲットは0・78」と売りトレードを推奨していたのです。

下落の勢いに拍車がかかったのは、このレポートがあったからかもしれません。

5章 関連キーワード

中国経済

20世紀終盤からの急速な経済成長により、中国経済は為替市場に大きな影響を与えるようになっている。

中国経済の変調をきっかけに「チャイナショック」が起きると、これまでは「リスクオフの円高」傾向となっていた。

ただし、中国の経済指標は当局が数字を調整しているとの声もあり、中国経済の実態を正確に読み解くのは難しいとされる。

その6

practicing

［流動性の大切さ］

警戒していた介入による市場の歪み

POINT 1 FXはどんなときでも取引できるわけではない

POINT 2 SNBの防衛ラインで効率的なトレード

POINT 3 介入の歪みを察知して、ユーロ／米ドルのショート

POINT 1 FXはどんなときでも取引できるわけではない

リスクが現実化したスイスフランショック

為替市場は非常に大規模なマーケットで、いつでも取引できると思いがちです。しかし、マイナー通貨は流動性がなくトレードしたいのにできない、できてもスプレッドが異常に広い、といったことがあります。また、主要通貨にしてもマーケットに大きな衝撃が走ったとき流動性が激減します。

3章でも話した2015年1月のスイスフランショックは、流動性が失われ、リスクが現実化した〝事件〟でした。

少し古い事例ですが、FXにおける流動性の大切さを知っていただくため、このときのトレードを紹介します。

POINT 2 SNBの防衛ラインで効率的なトレード

ユーロ圏の危機で買われたスイスフラン

スイスフランにはもともと「避難通貨」としての性格、つまり世界の有事に買われやすい傾向がありました。

そのため、2011年当時、ギリシャなどユーロ圏の債務危機が表面化するとともに、

SNBに支えられてのスイスフランのロング

●SNBの「1.20フロアー」をストップに設定したトレード

スイスフラン高がいっきに進んでいました。

ユーロからスイスフランに交換するニーズが高まり、**ユーロ／スイスフランは売り優勢**となっていたのです。

その背景には、アジアの中央銀行や中東勢が動いているという情報があり、僕はこのタイミングで、ユーロ／スイスフランをロングにしました。

その直後、スイスの中央銀行であるSNBは無制限介入を発表。

「ユーロ／スイスフランで1・20以下になるような下落は許さない」と異例の強い姿勢をとります。「マーケットでユーロ／スイスフランが売られるなら、こちらは買うぞ！」というわけです。

当時のメルマガでは、以下のように解説しています。

「ユーロ圏の混乱を背景に再びユーロ／スイスフランは下げ足を速め、6日のロンドン市場序盤までは1・10台前半という極めてスイス高のレベルまで反落していました。そこで突然、SNBから次のような発表があります。『ユーロスイスのミニマムターゲットは1・20』。つまり、ユーロスイスの1・20以下は容赦しない」（2011年9月8日配信）

以降、ユーロ／スイスフランは1・20付近まで下がるとSNBが介入。介入を期待した買い手も入り、1・20を下回ることがなくなりました。

ストップを1・20にしてユーロ売り

言い換えれば、1・20をフロアー（下限）にした管理相場制度です。

こうしたマーケットでのトレードは、当然、次のようなものになります。

「SNBがフロアーを防衛す

スイスフランショックのインパクト

●無制限介入が限界を迎え、スイスフラン急落

ると想定し、1・2020でユーロ／スイスフランをロングに。ストップは1・20割れ」（2011年11月12日配信）

SNBによる買い支えを背景にした買い戦略です。ストップの位置も明確ですし、効率のいいトレードではありました。

実際、1・20フロアーを利用した自動売買も登場しましたし、高いレバレッジをかけてユーロ／スイスフランを買い持ちする人もいました。

しかし、無制限介入といっても限界はあります。その限界が近づいていることは明らかでした。

POINT 3 介入の歪みを察知して、ユーロ／米ドルのショート

1・20が決壊し、スイスフランは暴落

巨額の市場介入は歪みをもたらします。歪みが最初に表れたのはユーロ／米ドルです。

「（無制限介入によるユーロ／スイスの買いによって）大幅に増加したユーロをSNBは外貨調整する必要があります。具体的にはユーロ／米ドルの売り、ユーロ／英ポンドの売りがマーケットに持ち込まれることになります」（2015年1月8日配信）

この時期にはすでに僕は、スイスフランではなく、ユーロ／米ドルのショートポジションを取っていました。

そして、メルマガではさらに、こう続けています。

「1・20が決壊してしまうと、ストップを巻き込んで、ユーロ／米ドルが急落する可

スイスフラン暴落の裏でユーロ／米ドルをトレード

●スイスフランショック前から西原はユーロ／米ドルをトレード

能性が高まります」（2015年1月8日配信）

そして、2015年1月15日、スイスフランショックが起こります。

スイスフランは暴落。ほとんどのFX会社で取引ができなくなりました。

高いレバレッジをかけてユーロ／スイスフランを買っていた投資家の口座は破綻。

口座に預けたお金がゼロになるばかりか、あまりに急な下落だったため強制ロスカットが追いつかず、FX会社に負債（追加証拠金）が発生した人もいました。その金額は日本だけで34億円に上ったそうです。

FXは、いつでもどんなときでもトレードできるわけではありません。身構える必要はありませんが、とくに大きなイベントを控えているときなどは、流動性のリスクを意識するようにしてください。

5章 関連キーワード

避難通貨

紛争が起こったり、政治的・経済的リスクが高まったりしたときに買われやすくなる通貨。円やスイスフランがその代表格。しかし、スイスフランはSNBが自国の通貨高を嫌っていることもあり、近年では避難通貨としての存在感は薄まっている。

管理相場制度

通貨価値の変動を市場に委ねるのではなく、なんらかの方法で管理する制度のこと。

香港や中東諸国は、米ドルに固定させる「ドルペッグ制」を採用。シンガポールやロシアは、米ドルだけでなくユーロや円など、複数の通貨（通貨バスケット）に連動させる制度を取っている。

practicing

その7

［通貨ペア選びと合成］

合成トレードした英ポンド／NZドル

POINT 1　通貨ペアの「相手」選びと「合成」という考え方

POINT 2　急騰する英ポンドの売りを2つのポジションで

POINT 3　一時的な値動きにも対応できる「合成」

POINT 1 通貨ペアの「相手」選びと「合成」という考え方

2つのポジションで ひとつの通貨ペアと考える

FXで勝つためには通貨ペア選びは大切です。

ある通貨が上がりそうだ、買いたいと思ったとき、どの通貨をパートナーにするかで、収益やリスクは大きく変わるからです。

基本的には、**より強い通貨とより弱い通貨の組み合わせが、大きな値動き**となります。

これを意識して、複数の通貨ペアをチェックする習慣を身につけていただきたいのですが、ここでは、上級者に向けて、**「合成通貨ペア」**という考え方をご紹介します。

例えば、「米ドル／円の買い」と「豪ドル／米ドルの買い」という2つのポジションを持っていたとします。

買っている通貨は米ドルと豪ドル。売っている通貨は円と米ドルです。米ドルは買いつつ、売ってもいるので、相殺されてゼロ。残ったのが、豪ドルの買いと円の売りです。

つまり保有しているポジションは、実質的に「豪ドル／円の買い」になる。これが、「合成」の考え方です。

合成トレードのメリットは、いくつかあります。ひとつは、**保有するポジションを決済することなく別の通貨ペアのポジションに変えられる**こと。

一時的に**イベントリスクを回避することもできるし、決済のタイミングを分けることも可能**になります。

合成通貨ペアとは?

●見慣れない通貨ペアも2通貨ペアの組み合わせで「合成」可能

メリット
- 合成によって取り扱いのない通貨ペアの取引が可能に！
- 保有ポジションを決済しないで、別の通貨ペアのポジションを取れる
- 一時的にイベントリスクを回避することができる
- 決済のタイミングを分けることができる

英ポンド／米ドルの		NZドル／米ドルの
買い	＋	**売り**
英ポンド／米ドル=1.2710		NZドル／米ドル=0.7030
1万通貨		1万5000通貨

米ドルは売りと買いで相殺

英ポンド／NZドルの買い

デメリット
- 通貨ペアごとにストップの検証が必要となる
- 2通貨ペアの取引金額をあわせのが大変
- 証拠金が倍必要になる

POINT 2

急騰する英ポンドの売りを2つのポジションで

英ポンド買いの相手にNZドルを選んだ理由

2017年4月、僕は**英ポンドを買おう**と考えていました。

きっかけは、イギリスのメイ首相が解散総選挙を宣言したことでした。与党が安定多数を占めれば、BrexitをめぐるEUとの交渉がスムーズに進むとの思惑で、英ポンドは急騰していたのです。

ただ、英ポンドを買うにしても、どの通貨を相手にするか、かなり悩みました。

当時の国際情勢では2つのリスクが意識されていました。ひとつは北朝鮮のミサイル実験によるアメリカへの挑発。

もうひとつは反EUを掲げる極右候補が台頭していたフランス大統領選挙です。

不透明要因を抱える米ドルとユーロには手を出せません。

また、北朝鮮リスクは日本とも密接にからむため、円もNG。豪ドルは急落したばかりで、このタイミングで売りたくありません。

不透明要因がからまず、英ポンド高に期待できる通貨ペアは？ 消去法で選んだのが、英ポンド／NZドルでした。

対NZドルでの英ポンド買いと戦略を決めましたが、英ポンド／NZドルはマイナーな通貨ペアです。取り扱っているFX会社も限られています。

そのため、「合成」でトレードをすることにしたのです。

英ポンド／NZドルを2つの通貨ペアで

●「英ポンド／米ドルの買い」＋「英ポンド／NZドルの売り」

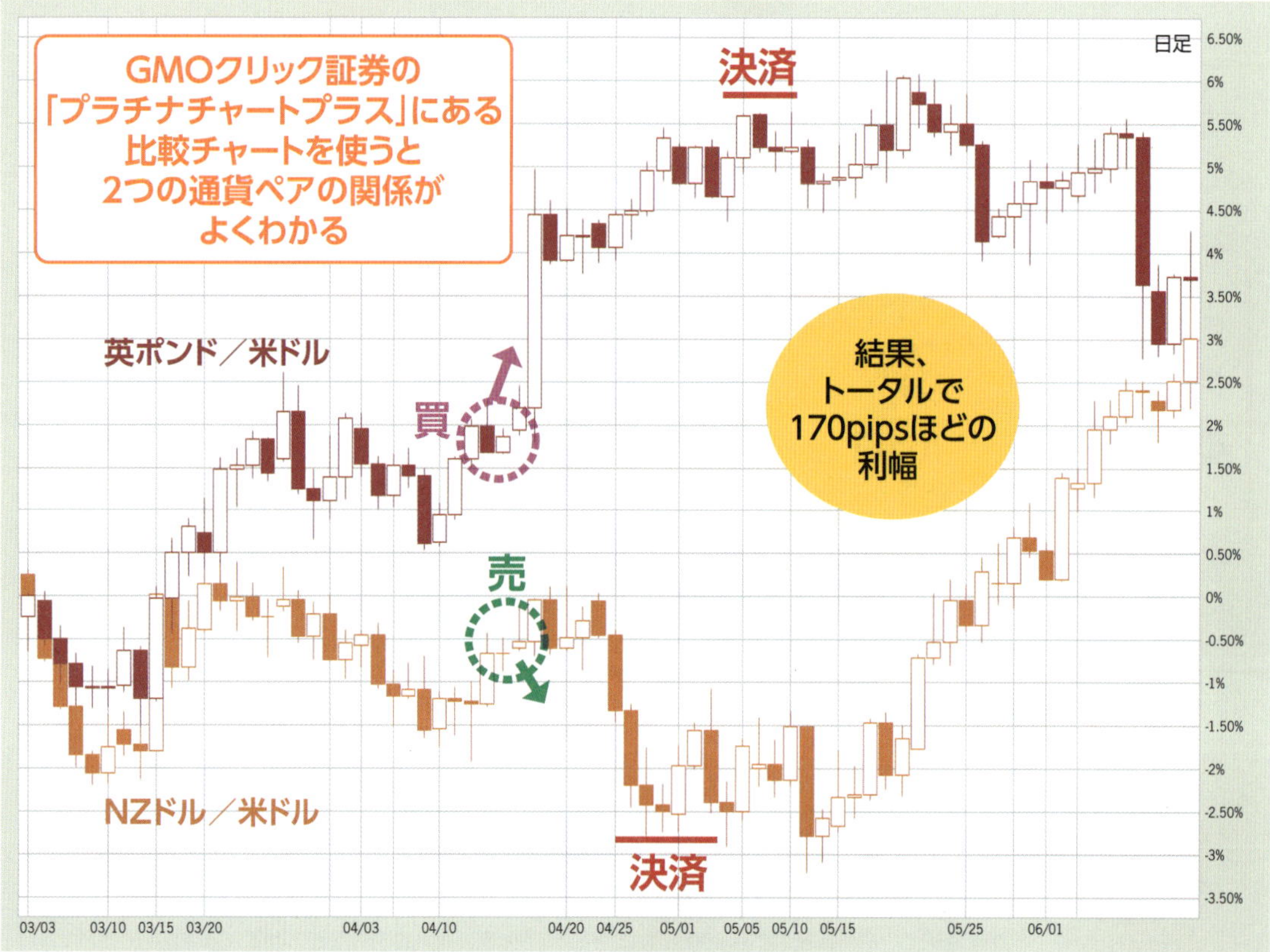

POINT 3

一時的な値動きにも対応できる「合成」

ストップはそれぞれの通貨ペアごとに検討

英ポンド／米ドルの買いと、NZドル／米ドルの売り。この2取引を同時に行うと、米ドルは買いと売りで相殺され、残るのは英ポンドの買いとNZドルの売りです。

ストップは、両通貨ペアともにひとまず、エントリー水準から150pips離したところに置きました。

英ポンドの上昇が速く、ストップの位置を十分に検討する時間がなかったからです。

合成のデメリットでもあるのですが、**2つの通貨ペアごとにストップ位置を検討**しないといけないため、リスク管理は複雑になりがちです。

このときも、それぞれにストップ位置を再検討し、直近高値、安値をメドにしたところへ発注し直しました。

ポジションを作った翌日、ニュージーランドの経済指標の発表がありました。結果が予想以上に好調だったため、一時、NZドルが大きく買われる動きがありました。

こうしたときも、合成の通貨ペアであれば、**指標の発表直前にNZドルの売りポジションだけを決済**し、一時的に英ポンド／米ドルのロングだけにしてリスクを回避することができます。

指標発表後、市場が落ち着いたところでNZドル／米ドルを再び売り直せば、もとの英ポンド／NZドルのショー

英ポンド／NZドルのチャートで確認！

●合成トレードを「英ポンド／NZドル」で見てみると……

トに戻ります。

その後、英ポンド／米ドルは急騰し、NZドル／米ドルは下げ、結果、合成「英ポンド／NZドル」は、思った通りに上昇してくれました。

トレード戦略の幅を広げる「合成」

決済したのは、3日後の金曜日でした。週末にフランス大統領選挙が控えており、週明けの相場が荒れるリスクがあったためです。

2通貨ペアを同時に決済し、170pipsほどの利幅となりました。

合成は通貨ペアによってレートの値が異なるため、混乱しがちです。また、**2通貨ペアの取引金額を揃える必要があり、証拠金もかかります**。

合成にはデメリットもありますが、トレードの戦略の幅を広げてくれます。興味のある方は、試してみてください。

5章 関連キーワード

合成のデメリット

合成の通貨ペアで取引すると、単一の通貨ペアで取引した場合と比べ、証拠金が約2倍かかることになる。また、取引コスト（スプレッド）も二重にかかるデメリットがある。そのためスキャルピングのような超短期取引向きの発想ではない。

西原に聞け!

Q 西原さんの会心のトレードを教えてください

A 僕の名前を広めてくれたスイスの介入トレード

ここ数年ということであれば、2016年アメリカ大統領選挙直前からトランプ当選後の米ドル／円急騰が印象に残っています。その経緯については本書でも解説したとおりですが、多くのアナリストが円高を当然のように予想する中、円安を予想し、多くの批判も浴びました。円安の進展でホッと安心したことを覚えています。

僕のメルマガを初期から購読している人からよく言われるのは、スイスの中央銀行が介入を発表して暴騰する数十分前、ユーロ／スイスをロングにしていたことです。配信から1時間もたたずして800pips以上の暴騰となりました。このトレードで僕の名前を知ってくれた人も多いようです。

新しいものを考えついた人も、
それが成功するまではただの変人にすぎない。
A person with a new idea is a crank until the idea succeeds.

（マーク・トウェイン／アメリカの作家）

6章

西原式
トレード戦略武装!

トレードのテクニックはもちろん大切です。
しかし実は、勝負はその前から始まっています。
溢れる情報をどう集め、どう管理し、どう深く思考するのか?
そして、過去のトレードからいかに学ぶのか?
ここでは、僕の情報管理術をご紹介します。

equipment

その1

［西原のトレードスタイル］

ディールに必要なのは“移動”と“俯瞰”

POINT 1 ディーリングルームを不要にさせたツールの数々

POINT 2 追跡！　西原のある1日

POINT 3 思考は移動距離に比例する

POINT 1

ディーリングルームを不要にさせたツールの数々

パソコン1台、スマホだけでも十分！

「西原さんはどんな環境でトレードしているんですか？」

セミナーやオフ会でよく受ける質問です。「これだけです」と愛用のMacBookとiPhoneを手に掲げると、皆さん、拍子抜けした様子なのですが、実際にそうなのです。

専業トレーダーというとモニターをいくつも並べ、大きなイスに座りながら長時間、チャートを監視しているようなイメージがあるかもしれません。たしかに短期トレーダーであれば、複数モニターの環境を整えている人もいます。

しかし、中期トレンドを狙っていくようなトレードであれば、**パソコン1台、なんならスマホ1台で十分**です。

20年前とは環境がガラリと変わり、スマホがあれば、さまざまな情報がいつでも受け取れる時代になりました。

「ここを抜けたらトレードしたい」というようなレートに、事前にアラートを設定しておけば、チャートを始終、監視する必要もありません。

トレードと仕事に必要な〝7つ道具〟はいつも持ち歩いてます。これらの道具があれば、**喫茶店だろうと移動中の電車内だろうと、いつでもトレード**ができます。

立派なディーリングルームよりも、この身軽さが僕のトレードには必要なのです。

西原のディール7つ道具

MacBook／Apple

取引からチャート分析、執筆などを行うメインマシン。Mac好きで、新製品情報は常にチェック

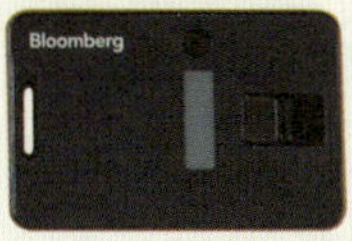

ブルームバーグ B-UNIT™／Bloomberg

プロ向け情報サービスの認証端末。利用料は高額だが、特殊なテクニカル指標用に契約

iPhone 7 Plus／Apple

少し前までは通話用と情報ビューワー用のiPhoneの2台持ちだったが、現在はこの1台

Apple Watch Series 1／Apple

手が離せないときの為替レート確認に。用途はまだ限られるが進化に期待して先行導入

pomeraDM200／キングジム

数年前から導入したデジタルメモ「ポメラ」。情報を集約し、分析結果をメモするために使う

GPD Pocket

超小型（たった481g！）のハイスペックのパソコン。身軽に出かけたいときは、こちらを携帯

PowerCore Speed 20000 QC／Anker

モバイル機器の電池切れを避けるために携帯。パソコンの充電にも使えるよう2万mAhと大容量

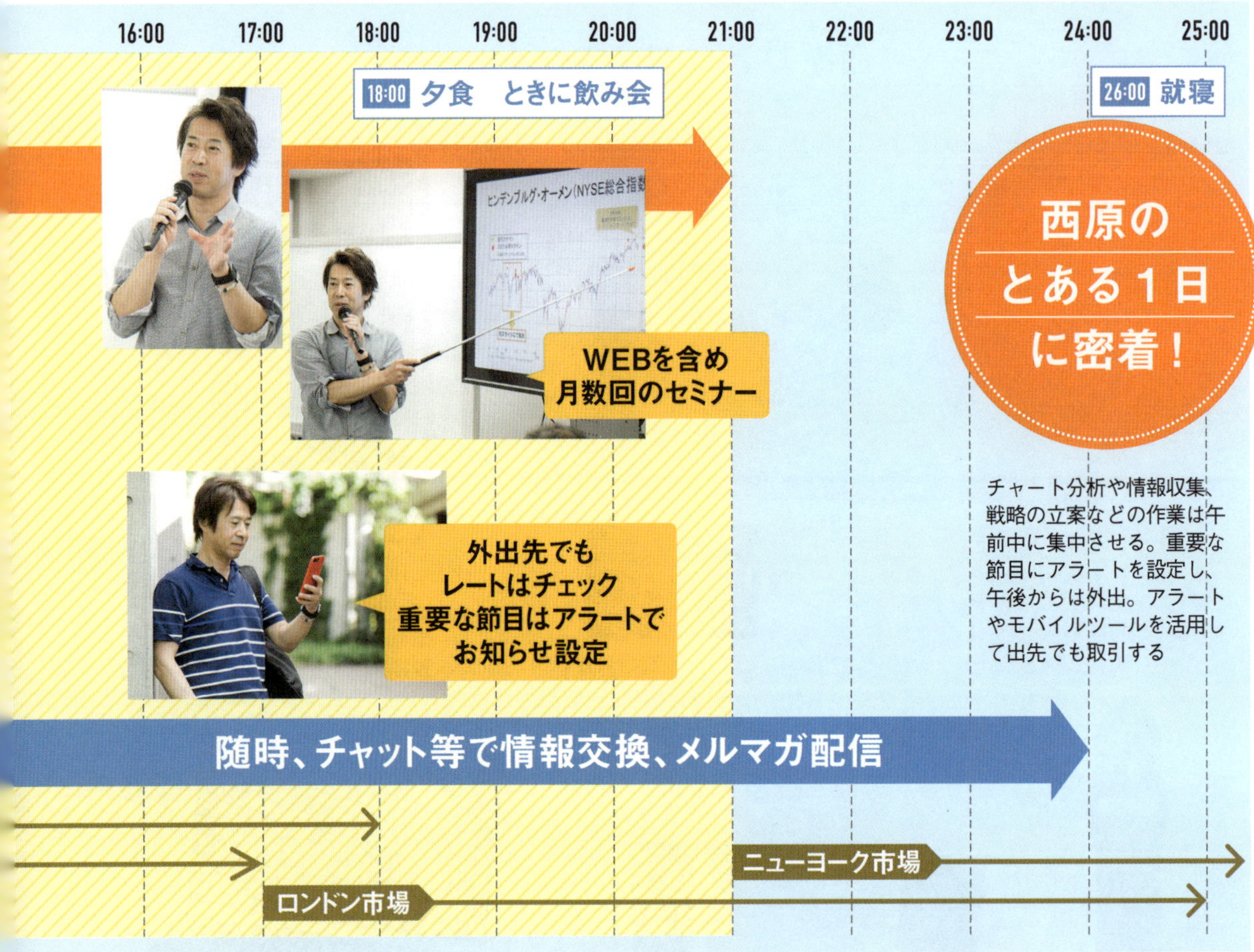

チャート分析や情報収集、戦略の立案などの作業は午前中に集中させる。重要な節目にアラートを設定し、午後からは外出。アラートやモバイルツールを活用して出先でも取引する

POINT 2

追跡！ 西原のある1日

戦略、情報収集は午前中に集中

もうひとつ、セミナーでよく聞かれるのが、「西原さんは1日をどう過ごしているんですか?」という質問です。

起床は朝7時ごろ。豪ドルやNZドルは日本の早朝に経済指標が発表されて動くこともあるため、自然とこの時間に目が覚めてしまいます。

起床後は朝食をとりながら、録画しておいたテレビ東京の『Newsモーニングサテライト』を見ます。前日の値動きの解説は聞き流し、**注目するのは金融政策や政治動向など、相場の流れに影響を及ぼしそうな未来の情報**です。

同時に、ディーラー仲間とチャットや電話で情報を交換。

こうして集めた情報をもとに、その日のトレード方針を確認します。週末に決めた戦略との微調整をし、1日のトレードを整理し直すのです。それが、午前中に配信されるメルマガの内容でもあります。

午後以降は打ち合わせなど、外出が多いため、考えごとは午前中に集中させています。

もちろん、外出中もスマホで定期的にレートをチェック。大きな動きがあれば、喫茶店などに入ってノートパソコンを開いて即座に対応します。

眠りにつくのは、市場が落ち着く深夜1時過ぎ。夜中に市場が動いていると起き出すこともあり、僕の1日は市場次第な面も大きいのです。

POINT 3

思考は移動距離に比例する

負けが続いたときは気分転換に動く！

僕がモバイルを駆使し、なるべく外出するように心がけているのには理由があります。「アイデアは移動距離と比例する」とは作家・高城剛さんの言葉ですが、この言葉、とても僕の実感とあうのです。

シティバンク時代、頻繁に海外出張をしていたのは、飛行機は集中して考えごとをするのに最適で、出張先の新鮮な環境や出会いが刺激になるから。今でも定期的に海外に行くのも同じ理由です。

別に遠くに行く必要はありません。いつもの駅のひとつ手前で降りて歩く、犬の散歩のコースを変えてみる――些細だけれど、いつもと違う行動が新しい視点をもたらしてくれることがあるのです。

逆に言うなら、いつもの机、**いつもの環境にとどまっていると人は煮詰まり、思考はフリーズ**してしまいます。

とくに、FXで負けが続くと、近視眼的になりがちです。「上がるはず」という予想が、いつしか「上がってほしい」という根拠なき願望に変わり、損失を拡大させてしまう。思考のフリーズ状態です。

そんなときは、気分転換に動いてみてください。気分が変わり、気持ちがリセットできれば、思考がシャッフルされて自分を俯瞰して見ることができるようになる。単純な方法ですが、オススメです。

equipment

その2

［西原の情報処理］

情報の断捨離、思考の整理が大事

POINT 1 プッシュ型の情報を活用しよう

POINT 2 ツールを使いこなして情報収集

POINT 3 情報が溢れる時代だからこそ“捨てる”

POINT 1 プッシュ型の情報を活用しよう

情報は取りに行くより向こうから来てもらう

豪ドルを買った途端に急落。調べてみるとRBAの会合があったようだ——。そんな重要なイベントを見逃しているようではFXは上達しません。

為替市場を動かすニュースやイベントの情報は溢れています。FX会社に口座を開くと情報配信会社のニュースが読めますし、通信社のウェブサイトでもニュースを読むことができます。

しかし、すべてに目を通すことは不可能で、読み逃すこともあります。

そこで**オススメしたいのが「プッシュ型」の情報**です。通信社のウェブサイトにこちらからアクセスしてニュースを読むのは「プル型」、それに対してニュースを届けてもらうのが「プッシュ型」です。

プッシュ型の情報ツールの代表格がツイッターです。

ブルームバーグなどのニュースサイトはもちろん、個人でも有意義な情報をつぶやいてくれる人が増えました。

自分にとって役立つ情報源が選べますし、フォローするだけでタイムライン上に表示されますから、**時間のあるときにチェックすればいい**。あるニュースに対し、どんな見方がされているのか、ざっと比較することもできます。

情報が溢れる時代だからこそ、プッシュ型の情報をうまく活用してみてください。

西原のオススメ情報源

ウェブサイト

Zero Hedge
http://www.zerohedge.com/

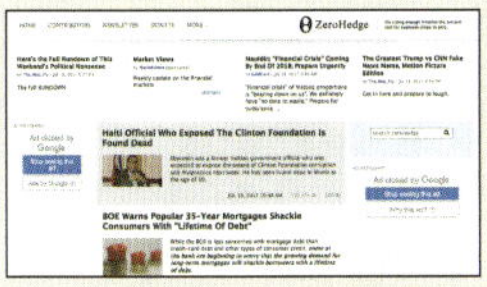

英語の壁を乗り越えてでも読んでほしいブログ。管理人は正体不明ながら業界関係者でしか得られないような記事が掲載されています

forexlive
http://www.forexlive.com/

英語のサイト。大手銀行の推奨トレードの紹介や注目すべきオプションの位置など、他では得られない情報が多く紹介されています

ロイター 外国為替フォーラム
http://jp.reuters.com/investing/currencies/fx-forum

ロイターのウェブサイトの中でも、注目すべきは「外国為替フォーラム」。アナリストの執筆記事からコンセンサスを確認

テレビ東京ビジネスオンデマンド
http://txbiz.tv-tokyo.co.jp/

『モーサテ』や『WBS』などがインターネットで見られる月500円の有料サービス。スマホでも視聴できるので重宝しています

羊飼いのFXブログ
http://kissfx.com/

今日の予定を確認するときはココ。トレーダーとしても優秀な羊飼いさんが、その日の重要イベントを見やすくまとめてくれています

ザイFX!
http://zai.diamond.jp/fx

僕も「ヘッジファンドの思惑」を連載しているFX情報サイト。著名ディーラーの連載やFX会社の最新情報が網羅されています

ツイッター

ウォール・ストリート・ジャーナル日本版
@WSJJapan

アメリカを代表する経済紙。FEDにも食い込んでいるようで、金融政策の先行きが不透明なときには頼りになる存在となります

ブルームバーグニュース
@BloombergJapan

金融や経済分野に特化した通信社。世界の金融市場関係者が注目するため、ここのヘッドラインで相場が動くことも頻繁にあります

日本経済新聞 電子版
@nikkei

日経電子版に更新された記事のヘッドラインがツイートされます。気になる記事だけリンクを踏んで熟読しています

ドナルド・トランプ
@realDonaldTrump

大統領就任が決まると彼のツイートで相場が動くことが度々発生しました。徐々にツイートの影響力は落ちてきましたが、要警戒

岡三マン
@okasanman

10万人を超えるフォロワーを持つ有名アカウントです。運営者は不明ですが、経済指標や政策金利発表などの速報はピカイチです

羊飼い
@hitsuzikai

ブログが有名ですがツイッターではトレーダーとしての顔を強く覗かせます。取引中での気づき、値動きの傾向などを教えてくれます

久保田博幸
@ushikuma

債券の専門家です。日本国債の動向は為替とも密接に関係するのですが情報が少なく、久保田さんの発信は貴重な情報源となります

村上尚己
@Murakami_Naoki

外資系運用会社のアナリスト。ロイターなどで更新される村上さんのレポートは、僕と着眼点が一致することが多く、熟読しています

広瀬隆雄
@hirosetakao

カリフォルニアに住みながら日本人向けに情報を発信。アメリカの株式市場や選挙の行方などを日本語で読むのに最適です

本石町日記
@hongokucho

日本銀行を担当する記者。日銀の金融政策だけでなく、世界の金融政策の見通しや分析、ニュースなどをツイートしてくれます

田向宏行
@maru3rd

僕の右腕としてメルマガを手伝ってくれている田向さん。個人投資家目線でアドバイスをしてくれるので初心者にオススメです

竹内典弘
@yen20pls

僕のメルマガをサポートしてくれる竹内さんはHSBCでチーフトレーダーを務めたスゴ腕。ツイッターでも有益な情報を発信中です

大橋ひろこ
@hirokoFR

投資セミナーでのMCとして活躍する大橋さんはトレードの手腕も超一流。とくに原油や金などコモディティの分析は頼りになります

井口稔@ザイFX!編集部
@Neko_Iguchi

ザイFX!編集長です。『ザイFX!』で更新された記事の内容を要約してつぶやいてくれるため、情報獲得する時間の節約に

ザイFX×西原宏一 FXトレード戦略指令
@ZAiFX_nishihara

僕のメルマガのツイッターアカウント。メルマガを配信するとこのアカウントがつぶやくので、メルマガの配信通知代わりにも

POINT 2

ツールを使いこなして情報収集

情報管理の2ツール ポメラとエバーノート

集めた情報をどう分析し、管理するのか？　僕が現在、使っているのは、「ポメラ」と「エバーノート」です。『モーサテ』を見てのメモや、**今日の戦略や日々の価格、重要な情報、浮かんだアイディアなどはポメラに**打ち込んでいきます。

テキスト入力に特化したポメラは起動が速く、インターネットに接続できないので、むしろ、余計な情報に振り回されることなく集中して考えることができるのです。

一方のエバーノートはインターネット上のスクラップブックのようなもので、ウェブサイトの記事をクリッピングできますし、何よりいいのは、スマホやパソコン、ポメラと同期できること（ポメラは無線LANを使ってアップデート）。

そして、ポメラにまとめたメモやスマホでチェックしたさまざまな情報、パソコンで確認した各種レポートなど、**集めた情報をエバーノートに一元化**させるのです。

エバーノートは検索機能にも優れているので、例えば、日銀会合の日に前回の結果を探し、そのとき、自分がどんな考えを持っていたのか、見返すことも簡単です。かつて、手書きでノートに情報をまとめていたことを考えると、時代は変わったなと思います。

情報を精査し
トレード戦略へ
情報の断捨離
エバーノートを編集
●不要なニュースは削除
●ニュースに対する見解の違いなどを読み解く
思考の整理
（インターネットは遮断）
MacBook
iPhone
ポメラ
相場観と照らし合わせる
トレード記録
（チャートを記録したいときは、キャプチャーしてノートに保存）
トレード戦略が固まる
▼
メルマガの執筆
●集中して情報を精査
●iPhone、MacBook、ポメラで、いつでもどこでも読み返すことができる

POINT 3 情報が溢れる時代だからこそ“捨てる”

取引を始める前に決着はついている

「この記事、おもしろいな」と思ったら、僕はどんどんエバーノートに保存します。

ただ、それを続けていくと情報がたまりすぎてしまいます。エバーノートは日付順でソートできるので簡単に整理できるのですが、**情報にも「断捨離」は必要**です。

いったんエバーノートにクリップしたものの、読み返してみてトレードに不要だと思った記事は捨てていきます。

残しておくのは主に、金融政策の転換や政治の大変革など、相場の大局に影響を与えるような情報です。

情報を整理することは頭の中の整理につながります。それにより、相場の先行きも予想しやすくなります。

トレードというと、「いつ買うか・売るか」ばかりを考えがちですが、実は、エントリーする前から始まっています。**「どんな準備をしたか」、それによってトレードの大半は決している**のです。

準備とは、情報収集と整理、集めた情報からどう発想をめぐらせるかです。

移動が多い僕にとって、場所を選ばず情報を整理、収集できるクラウドを使ったこの方法はとても便利なのですが、人それぞれです。自分なりのやり方でいい。どんな方法にせよ、トレードの準備は万全にしておきましょう。

equipment

その3

［勝つために必要なこと］

トレード記録をつけるべし！

POINT 1 トレード記録をやめるときは、トレードをやめるとき

POINT 2 トレード記録に書き込むべきこと

POINT 3 西原はトレードをどう記録しているのか？

POINT 1 トレード記録をやめるときは、トレードをやめるとき

過去の自分を検証し明日の自分を改善する

どの分野にも言えることですが、**技術を向上させるためには、記録をつけることが一番**です。僕の好きな元ヤンキースの黒田博樹さんは、ピッチングの詳細なノートをつけていました。

元サッカー日本代表の中村俊介選手も、著書『夢をかなえるサッカーノート』（文藝春秋）で、17歳からつけているというサッカーノートを公開しています。

FXも同じ。上手だなと思う個人投資家に聞いてみると、必ずそれぞれの方法でトレード記録を残しています。

トレード記録を読み返すことで、あのとき自分はどう判断したのか？ **その判断は正しかったのか、間違っていたのか検証**することができます。

それが、自分のトレードのクセや傾向を知り、改善するヒントを与えてくれます。

記録の残し方はそれぞれです。ブログ形式で記録する人もいますし、ツイッターや、エバーノート、エクセルで記録する方法もあります。

GMOクリック証券の「FXトレード日記」のように取引データを記録するサービスも便利に使えるでしょう。

印刷したチャートを手書きメモとともにノートに貼り付けるアナログな方法を好む人もいます。自分のやりやすい方法を見つけてください。

トレード記録はなぜ必要なのか？

失敗の理由、成功の理由の蓄積 》

- 相場を見通す力が養われる
- 成功の記録は得意な“型”を教えてくれる
- スランプ時、失敗の記録は考え方の乱れを確認できる

トレード記録に記すべきこと

- 通貨ペア
- エントリーした日時
- エントリーした理由（テクニカルのシグナル／ファンダメンタルズの裏付け）
- ストップを設定した場所
- 利益確定 or 損切りしたポイントとその理由　etc.

手書きでもエクセルでも、書き方は自由
大事なのは継続！
自分が続けられる書き方を探そう

POINT 2

トレード記録に書き込むべきこと

売買した理由とチャートを残す

よく、「トレード記録はどう書けばいいですか？」と聞かれます。唯一の正解はありません。うまくいったこと、うまくいかなかったこと、イベントやイベントに対するマーケットの反応など、書き連ねていけばいいと思います。

トレード自体については、**なぜその通貨を選んだのか、なぜそのトレードに入ったのか、ストップの位置はどこなのか？　シナリオが変わった場合はどうするのかなどを残していくことが重要**です。

そして、ぜひ、残してほしいのが、「チャート」です。ある優秀な個人投資家から見せてもらったノートは、辞書のような厚みになっていました。自分が勝ったときのチャート、負けたときのチャートが何百枚も印刷されノートに貼ってありました。**同じ根拠にもとづく勝ちトレードをチャートで見返していくと、パターンが見えてきます**。負けたときも同様です。

その結果、チャートを貼ったノートは、「自分だけの鉄板勝ちパターン集」「負けパターン集」となるのです。

売買した理由とチャートを残すこと、定期的に見返すこと。そして、**どんなに忙しいときでも継続**すること。

これを実践するだけで、トレードは大きく変わってくるはずです。

西原のトレードノート大公開！

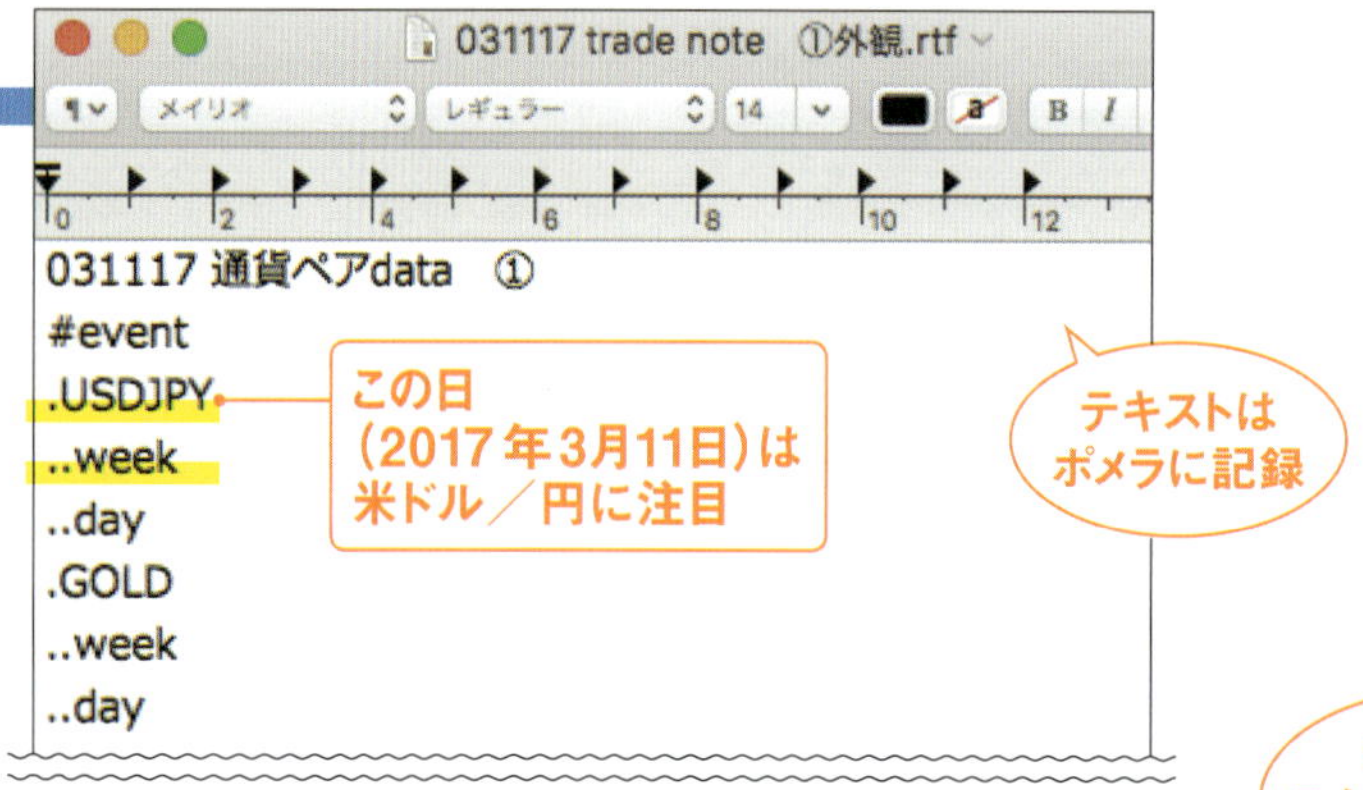

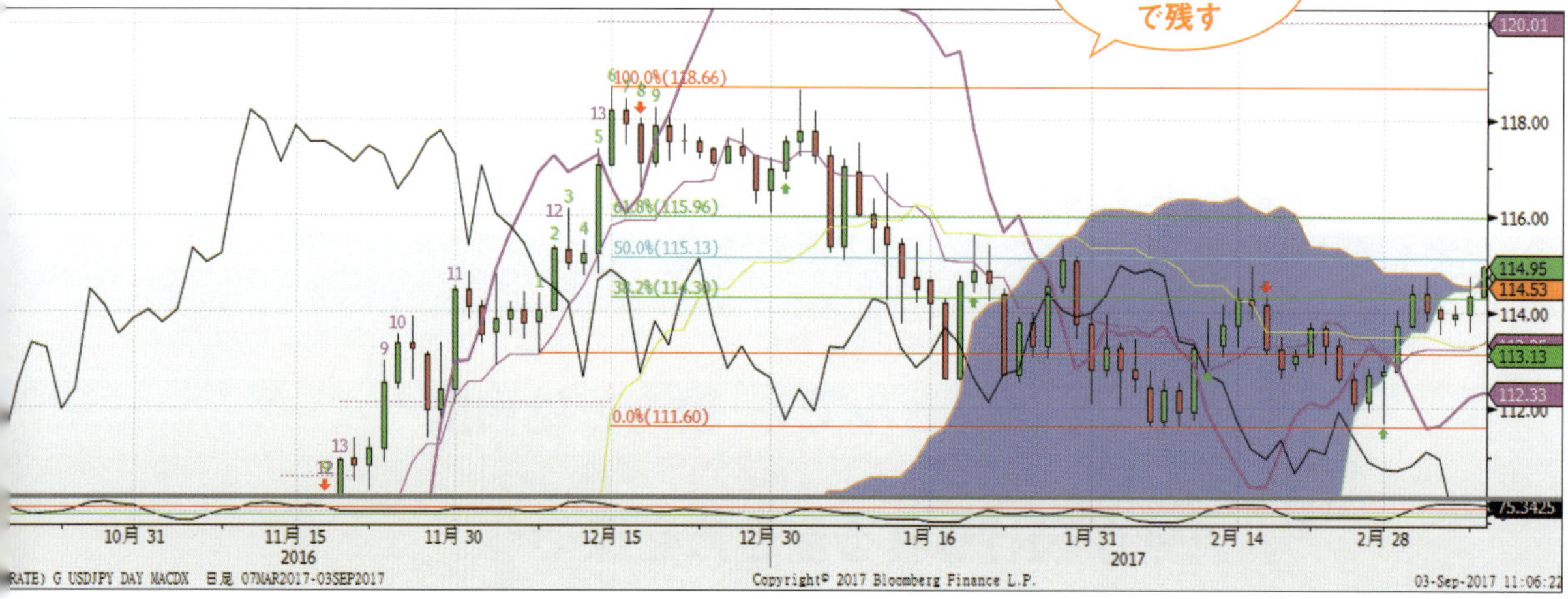

POINT 3

西原はどうトレードをどう記録しているのか？

時代に応じてトレードノートも変化する

僕は長い間、手書きでトレードノートをつけていました。そもそも20年ほど前は、米ドル／円のチャートすら手書きをしていたほどです。

日足のチャートを毎日毎日、巻物のように書いていましたが、過去のトレードを見返したいとき、アナログはとても不便です。

そこで最近は、**チャートはスクリーンショットを取り、テキストは前項でご紹介したポメラに記録**をしています。

ポメラに打ち込んだものはデジタルデータですので、後で簡単に検索して見直すことができるのです。

また、ポメラにはアウトライン機能があり、段落先頭に「.（ピリオド）」をつけて入力すると、そのワードが見出しとなるので、文章の整理がとても簡単です。

ここでは、現在、僕が今行なっているトレード記録のつけ方をご紹介します。注目した通貨ペアの状況と見通しを、毎日、このような形で記録しています。

ただ、トレード記録の書き方は、データの解析方法やガジェットの進歩に応じて、毎年少しずつ変わっていきます。

また、僕のこの方法が正解ということは決してありません。あくまでも自分自身のトレード記録の方法を確立するための、参考としてください。

トレードの「シナリオ」を描く

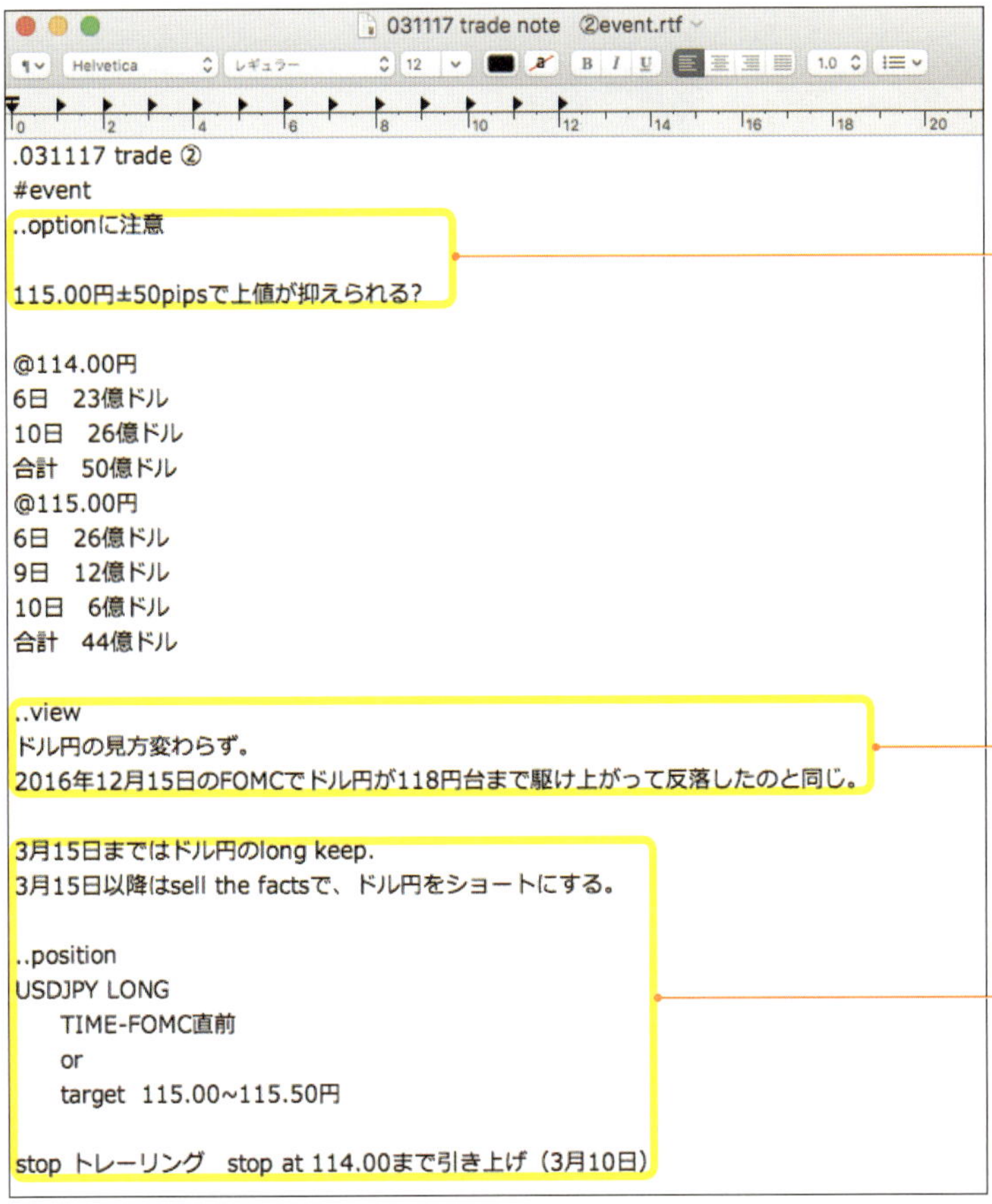
031117 trade note ②event.rtf

.031117 trade ②
#event
..optionに注意

115.00円±50pipsで上値が抑えられる?

@114.00円
6日 23億ドル
10日 26億ドル
合計 50億ドル
@115.00円
6日 26億ドル
9日 12億ドル
10日 6億ドル
合計 44億ドル

..view
ドル円の見方変わらず。
2016年12月15日のFOMCでドル円が118円台まで駆け上がって反落したのと同じ。

3月15日まではドル円のlong keep.
3月15日以降はsell the factsで、ドル円をショートにする。

..position
USDJPY LONG
TIME-FOMC直前
or
target 115.00~115.50円

stop トレーリング stop at 114.00まで引き上げ（3月10日）

相場概観（#event）
この日はオプションに注目。仮にドル円が115.00円を上抜けても一時的であり反落する公算が高いと想定

見通し（..view）
「sell the fact」がテーマになると着目。2016年12月と同様、4日後のFOMCまではドル円は上昇し、その後、反落するのではないか?との見方

方針（..position）
当面の方針を、ストップと時間的・値幅的ターゲットとともにメモ

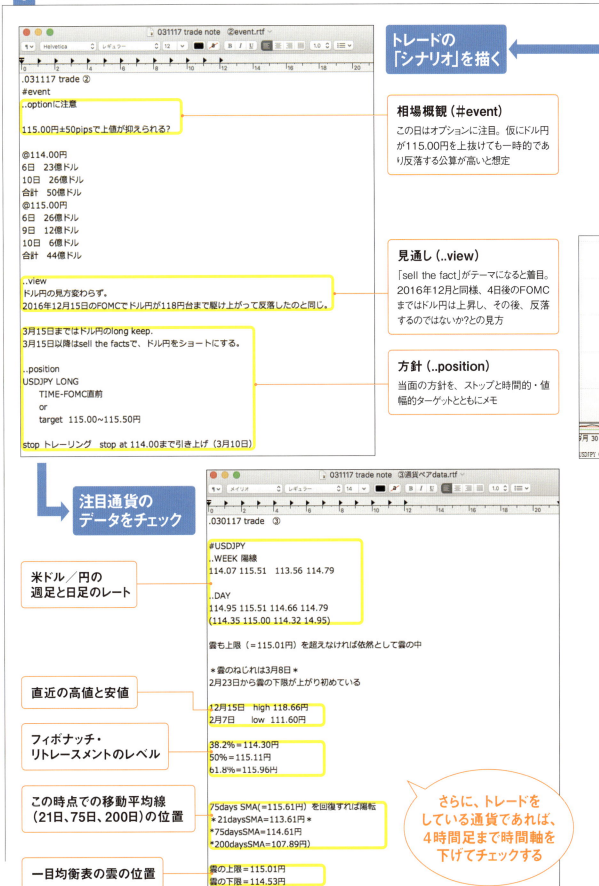

注目通貨のデータをチェック

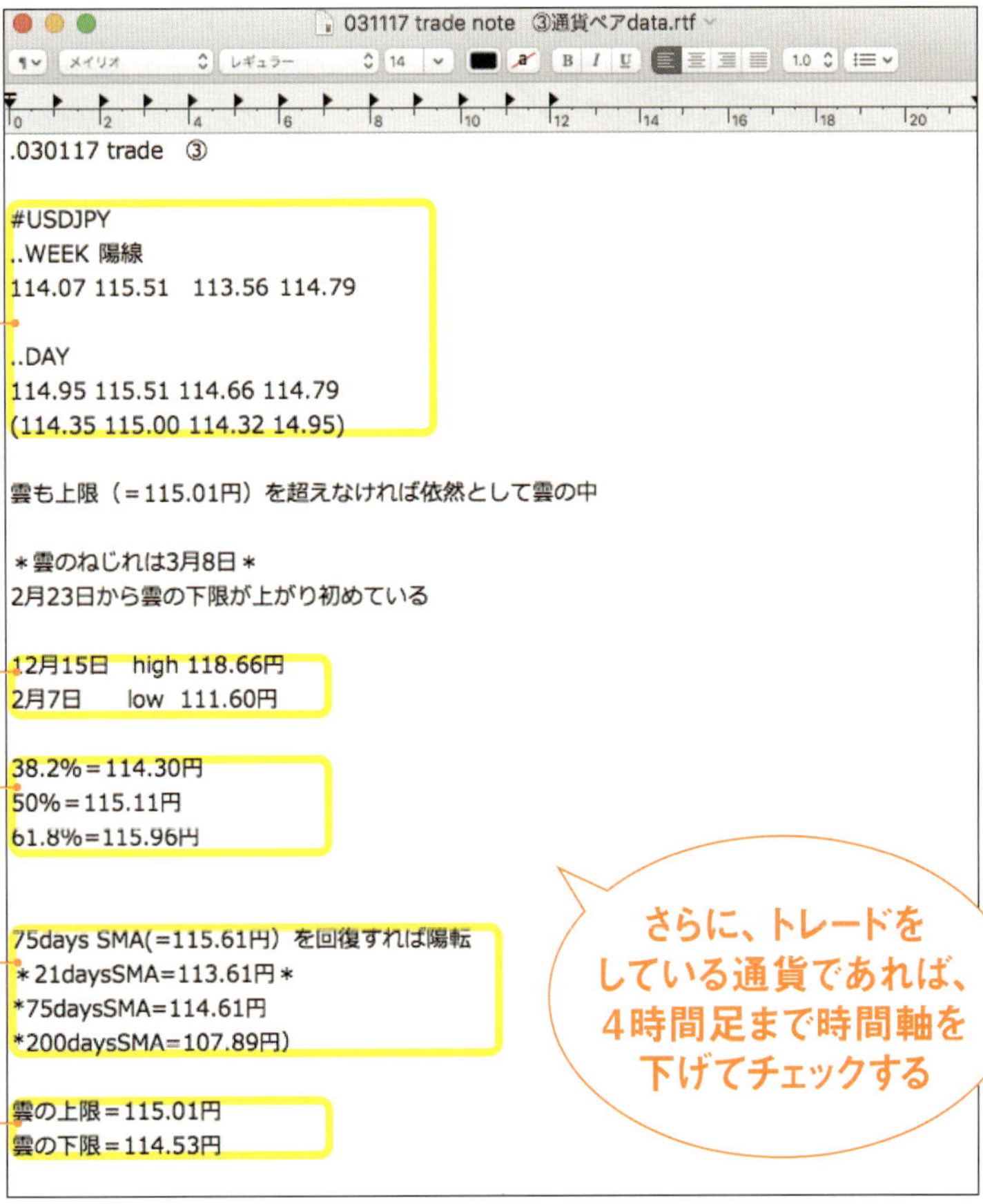
031117 trade note ③通貨ペアdata.rtf

.030117 trade ③

#USDJPY
..WEEK 陽線
114.07 115.51 113.56 114.79

..DAY
114.95 115.51 114.66 114.79
(114.35 115.00 114.32 14.95)

雲も上限（＝115.01円）を超えなければ依然として雲の中

＊雲のねじれは3月8日＊
2月23日から雲の下限が上がり初めている

12月15日 high 118.66円
2月7日 low 111.60円

38.2%＝114.30円
50%＝115.11円
61.8%＝115.96円

75days SMA(＝115.61円）を回復すれば陽転
＊21daysSMA＝113.61円＊
*75daysSMA＝114.61円
*200daysSMA＝107.89円)

雲の上限＝115.01円
雲の下限＝114.53円

米ドル／円の週足と日足のレート

直近の高値と安値

フィボナッチ・リトレースメントのレベル

この時点での移動平均線（21日、75日、200日）の位置

一目均衡表の雲の位置

さらに、トレードをしている通貨であれば、4時間足まで時間軸を下げてチェックする

西原に聞け!

Q 目標は専業トレーダー。どうしたらFXで暮らせますか?

A 専業にこだわるより仕事とFXのハイブリッドをめざす

専業トレーダーといっても、収益はサラリーマンの年収程度の人から億を超える人までさまざまです。まずは「自分が1年間でどのくらい稼ぎたいのか」をイメージすることからでしょう。

1年でかかる生活費は家族や持ち家の有無などで大きく変わります。1年の目標金額を月割りし、その金額をコンスタントに稼ぐことが第一です。

ただ今は、ハイブリッドな生き方が推奨されています。会社員でありつつ、トレーダーとしても稼ぐことができれば2つの収入源を確保することができます。また、それが可能な時代だと思っています。

必ずしも専業にこだわる必要はないのではないでしょうか。

敵がいる? それはいい!
人生で何かのために立ち上がったことがあるという証なのだから
You have enemies? Good. That means you've stood up for something, sometime in your life.
(ウィンストン・チャーチル/イギリスの政治家・作家)

7章

GMOクリック証券で始める戦略的FX

2012年以来、5年連続でFX年間取引高「世界1位」※ を達成している
GMOクリック証券。アクティブなトレーダーに支持され続けるのは、
その総合力に理由があります。業界最狭水準のスプレッドに
高機能な取引ツールなど、GMOクリック証券の人気の秘密に、
『ザイFX!』編集部が迫ります!

※Finance Magnates 調べ（2012年1月～2016年12月）

GMO CLICK

その1

［FX会社選び］

使えるFX会社を選ぼう!

POINT 1 FX会社はどこも同じじゃない!

POINT 2 総合力で選ばれるGMOクリック証券

POINT 3 スマホアプリの使いやすさにも注目!

POINT 1

FX会社はどこも同じじゃない!

コスト、取り扱い通貨ペア、ツールが比較のカギ

7章はザイFX!編集部が解説していこう。FXを始めようと思ったら、まずは口座開設。でも、日本には今、数十社のFX会社があり、どこがいいのか迷ってしまう初心者も多いのでは。

「選ぶポイントのひとつは取引コスト。取引手数料はどこもほとんど無料なので、売値と買値の差であるスプレッドに注目を」と西原氏。

米ドル/円のスプレッドは0・5銭前後のスプレッドが主流で、1万通貨あたり50円の取引コストになる。わずかな金額に思えるが、年間で数十回、数百回と取引するとなるとバカにならない。

「2つめは取り扱い通貨ペアの種類。クロス円ばかりでなく、ドルストレートやユーロクロスの通貨ペアを扱っていると取引対象が広がり、収益機会を増やせます」(西原氏)

さらに、「取引ツールの使いやすさも大切」だとか。

「今、トレードにはスマホが欠かせません。スマホアプリからスムーズに発注できるか、チャートは見やすく、十分なテクニカル分析を表示できるか、確かめてみましょう」。

まずチェックすべきは取引コストに通貨ペア、スマホアプリの3点。その他、左表も参考にして、トレードの基盤となる口座をどこで開設するのか、しっかり考えよう!

FX会社を選ぶポイント

取引コスト	ほとんどのFX会社が取引手数料を無料としているため、FXの取引コストとなるのは主にスプレッド。米ドル／円では0.3銭程度が最狭水準となる。
約定力	提示されているスプレッドが狭くとも、約定時に不利なレートになりやすいFX会社もある。思ったとおりのレートで約定してくれるかどうかもカギ。
信頼性	FXでは信託保全により預けた資金は守られるが、それでも利用するFX会社に何かあったら厄介。経営の安定した会社で取引するのが安心だ。
取扱い通貨ペア	トレンドはどの通貨ペアで発生するかわからない。クロス円だけでなく、ドルストレートやユーロクロスなども取引できるか、確認を。
取引ツール	初心者でも戸惑わずに使えるかどうか、デモ口座などで実際に使い勝手を試しておこう。上級者はスピード注文などの機能にも着目。
スマホ	スマホのFXアプリが使いやすいかどうかも、重要なポイントのひとつ。取引だけでなく、レートや情報の確認など今、取引にスマホは欠かせない。
チャート	テクニカル分析の種類の豊富さ、2通貨ペアの比較や他市場との相関性のチェックなど、高機能チャートが使えると何かと便利！
情報	為替市場はなぜ動いたか、FX投資家向けにニュースを配信してくれる会社がある。そうした情報をスマホでも、手間なく読めることは、結構重要。
株価指数、商品市場	為替市場と密接な関係にある株価やコモディティ。FXだけでなく、同時に日経平均や原油、ゴールドなども取引できればチャンスは広がる。

『ザイFX!』のFX会社の比較一覧も便利!

GMOクリック証券が選ばれる理由

スマホアプリに定評あり！

今ではFXトレードに欠かせないスマホ向けアプリの使いやすさにも定評あり。外出先での相場急変にも慌てず対応できる

スプレッドはうれしい超狭！

スプレッドは米ドル／円の0.3銭（原則固定、例外あり）など格安。取引手数料はもちろん無料なので、短期取引でも利益が出しやすい

株もコモディティも！銘柄の多様性

CFD口座ではFXと関連の深いWTI原油やNYダウ平均、ゴールドなどが取引できる！

短期取引に必須！スピード注文

新規発注も決済も1クリックで素早く完了できるスピード注文。損益の確認までひとつのウィンドウ内で行える短期取引派必須の機能！

POINT 2

総合力で選ばれるGMOクリック証券

5年連続取引量世界一！口コミ評価も高い!!

近年では中国でもFXブームが起こり話題になった。グローバルに広がるFXだけど、世界でもっとも取引量の多いFX会社はというと、何を隠そう日本の会社。GMOクリック証券だ。

しかも、2012年から5年連続の第1位！（※）

「オフ会などで個人投資家に聞くと、『GMOクリック証券を利用しています』という人の割合は非常に多い。とくに短期取引を主体とする人から支持を集めている印象があります」（西原氏）

GMOクリック証券の米ドル／円のスプレッドは0・3銭（原則固定、例外あり）で、取引手数料はもちろん無料。

取り扱い通貨ペアについてもドルストレートはもちろん、ユーロ／英ポンドやユーロ／豪ドルのようなユーロクロスも取引できる。

また、IT企業のグループ会社で、システム開発を内製化しているため取引ツールへの評価が高い。

前述の3つのチェックポイントは、完璧にクリア。さらに、個人投資家がFX会社に求める項目をどれも高いレベルで満たしているのがGMOクリック証券なのだ。

総合力で支持されるGMOクリック証券なら、初心者でも安心してFXが始められるはず。

※Finance Magnates 調べ（2012年1月～2016年12月）

GMOクリック証券のスマホアプリはここがスゴい!

最新ニュースを逃さず読める!

「マーケット」ボタンを押すと為替ニュースや経済指標や要人発言の予定、為替レートが確認できる

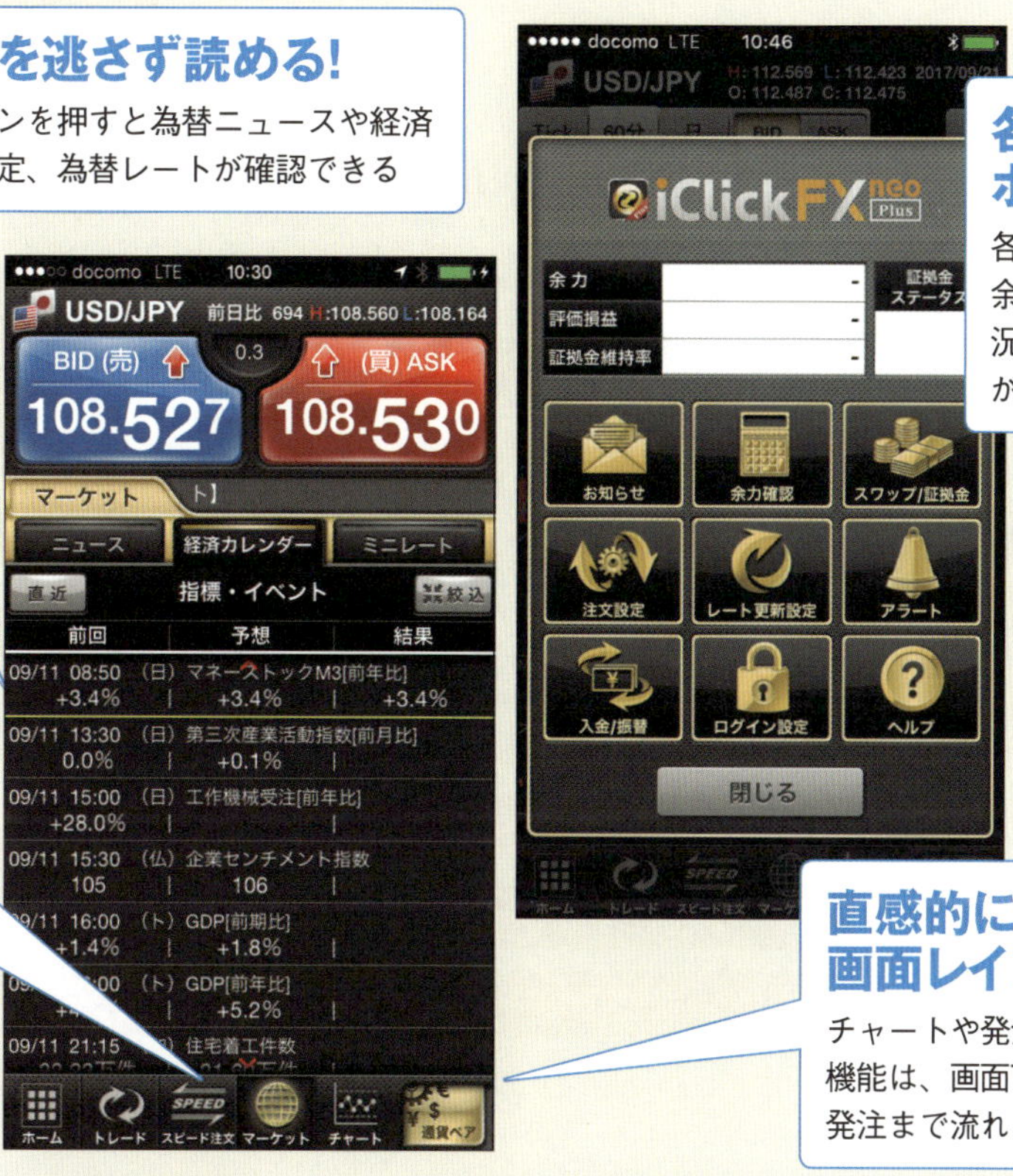

各種設定をホーム画面に集約

各種設定や入金／振替、取引余力や評価損益などの口座状況などはホーム画面で。機能が一覧で表示され便利

ワンタップで新規も決済注文も!

スピード注文機能も搭載。ワンタップで新規発注と決済が可能。反応もスムーズでストレスゼロ!

直感的に使える画面レイアウト

チャートや発注画面などよく使う機能は、画面下に配置。分析から発注まで流れるような操作性は◎

POINT 3

スマホアプリの使いやすさにも注目!

スマホでのトレードもノーストレス!

最近では、スマホからの発注が50%を超えるFX会社が珍しくない。スマホアプリの使い勝手はFX会社を比べる大きな要素のひとつで、FX会社も各社、注力している。

GMOクリック証券でも、強力なスマホアプリが用意されている。iPhone用の「iClickFXneoプラス」と、アンドロイド用の「FXroidプラス」だ。名称こそ違うが、どちらもチャート分析からニュース閲覧、取引、クイック入金までFXに必要な機能が備わっている。

なかでも、注目すべきは「スピード注文」機能。ワンタップで発注・決済ができ、操作感も快適。「パソコンよりも操作しやすい!」なんて評価もあるほど。レートも最短1秒更新だからパソコンでチャートを見て、スマホで発注なんて使い方もできる。

テクニカル分析も豊富に搭載しているので、分析重視の人も大満足のはず。その実力は実際に体感してみて!

まずはスマホにインストール

iPhoneの方は『App Store』、Androidの方は『Google Play』にて『GMOクリック証券』と検索してみよう。もちろん、ダウンロードは無料!

GMO CLICK

その2

［口座開設から入金］

トレード前の準備もスマホでラクラク！

POINT 1　スマホで口座開設もラクラク

POINT 2　クイック入金でトレード準備は万端

POINT 3　まずは、デモトレードでイメージトレーニングを

POINT 1 スマホで口座開設もラクラク

オススメは「証券取引口座」の開設

ＧＭＯクリック証券で口座を開こうと思った場合、２つの口座がある。

ＦＸと外為オプションの２つの商品が取引できる「ＦＸ専用取引口座」。それに加えて株やＣＦＤ、投資信託、先物・オプションなども取引できる「証券取引口座」だ。

口座開設手続き完了までの日数が短いのはＦＸ専用取引口座。最短２営業日で開設できる。「とにかく、すぐにＦＸを始めたい！」という人はＦＸ専用取引口座を。

ただ、先々のことを考えると「証券取引口座」がオススメだ。証券取引口座なら、日経平均やＮＹダウ平均、ＷＴＩ原油などに連動した銘柄のあるＣＦＤも取引可能となる。

ＣＦＤに興味を持ったとき、すぐにトレードを始められるし、ＣＦＤの取引ツールを使えば、ＦＸのトレードの参考になる指標や商品のチャートをまとめて見ることができる。

証券取引口座だと、手続き完了まで最短４営業日と少し長くなる（ＦＸ専用取引口座開設後に証券取引口座に変更することも可能）。

口座開設を申し込むとき、手もとに用意するのは運転免許証やパスポートといった本人確認書類と、マイナンバーの通知カードか個人番号カードだけ。もちろん、スマホアプリから手続きができるぞ！

スマホアプリから口座を開こう!

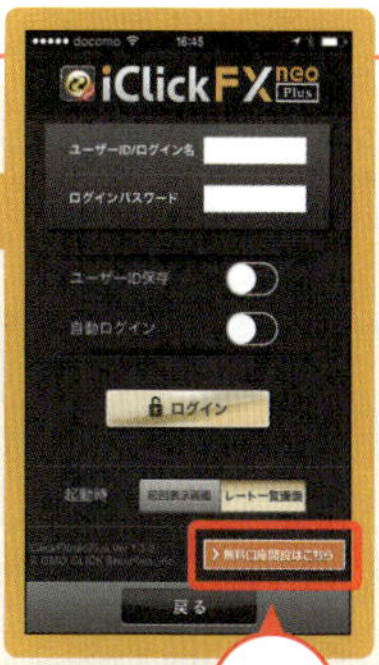

TAP

① 口座開設フォームから必要事項を入力

いろいろやりたい

証券取引口座

- 株式
- 投資信託
- FX
- 外為オプション
- 先物・オプション
- 外国債券
- CFD

まずはFXから!

FX専用取引口座

- FX
- 外為オプション

FX専用取引口座なら最短2日!
証券取引口座に変更もできるので、1日も早く口座を開設したい人はこちらから

② 本人確認書類の提出

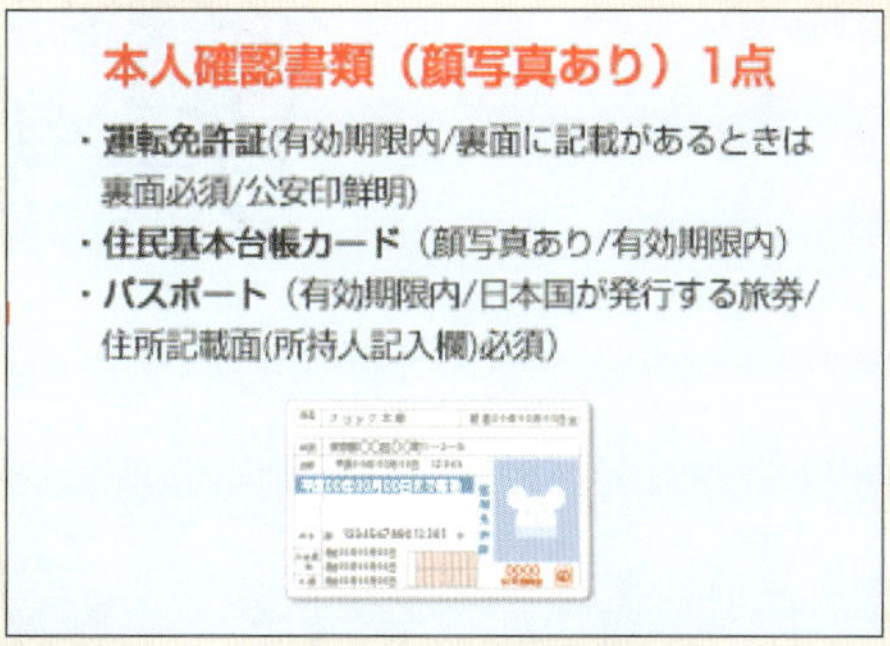

運転免許証やパスポート、住民基本台帳カードなど、本人が確認できる書類を用意。画像をアップロードして提出すると、手続き完了までの時間を短縮できる

口座開設にはマイナンバーも必要!
本人確認のための書類は、運転免許証や住民基本台帳カード、パスポートなど。顔写真つきの書類とマイナンバーを提出すれば、口座開設後すぐに取引が可能!

③ 口座開設完了の案内が届く

送られてきたIDとパスワードを入力してログイン!

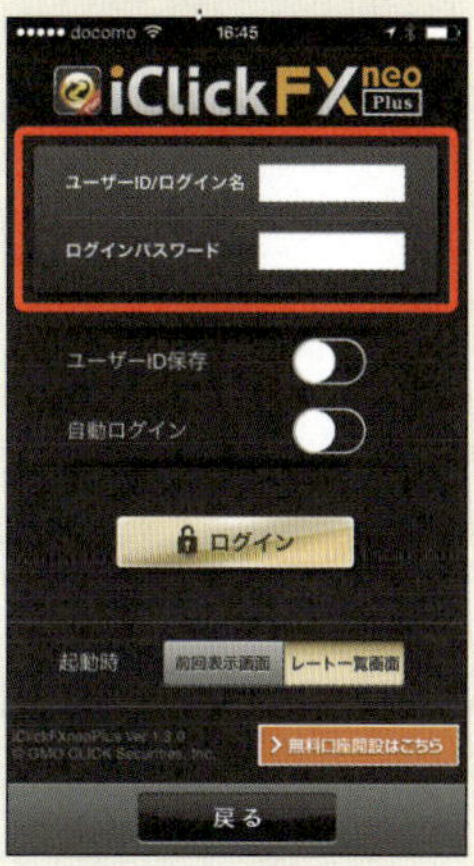

ユーザーIDやパスワードの記載された書類が簡易書留郵便で届いたら、ログイン!この書類はなくさないよう大切に保管しておこう!

パソコンはこちらから

CLICK

GMOクリック証券のサイトの「口座開設」バナーから。手続きは基本的に同じ

入金もスマホからラクラク

① 入金／振替画面の「即時入金」を選択

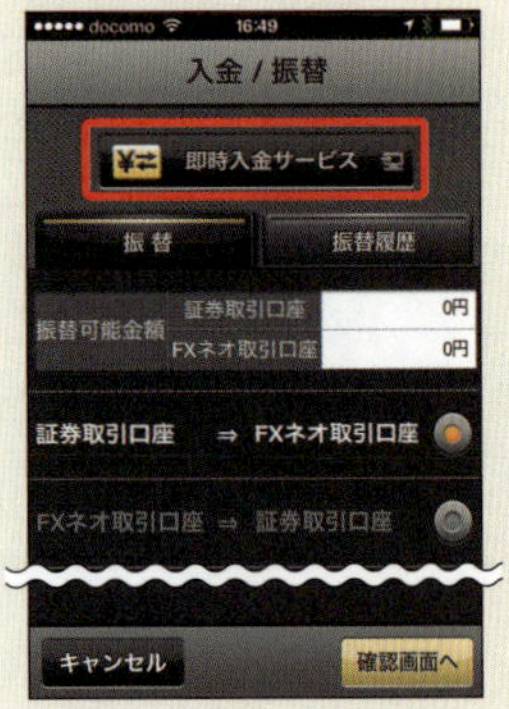

スマホから入金もラクラク

入金もスムーズ。ホーム画面の「入金／振替」をタップ。さらに画面上部の「即時入金サービス」をタップすると別ブラウザが開くので、各金融機関で入金手続きを。

② 金融機関を選び、入金額を入力

提携銀行は11行！

主要11行の銀行と提携。インターネットバンキングの契約が必要。

③ 各金融機関のページで手続きを！

金融機関を選択し、入金額を入力したら、金融機関のホームページでIDやパスワードの入力を。

POINT 2

クイック入金でトレード準備は万端

即時入金なら24時間リアルタイム入金！

ユーザーIDとパスワードが届いたら、スマホアプリを立ち上げてログインを。

あとは、手順に従って口座へ入金すれば取引準備は完了。入金時には「即時入金」を利用するとFX口座への入金が24時間、すぐに反映される。

ただ、FX用の資金を最初からすべて投入すると、万が一、操作ミスなどを起こしたときのリスクが怖い。

慣れるまでは3分の1程度の資金を入れて小さく始めるのがいいかも。

デモ口座で身につけたい"資金"感覚

デモ口座の登録を

CLICK

デモ口座の開設には登録が必要。ニックネームやパスワード、メールアドレス、初期資金などを記入するだけ。本人確認書類なども不要だから、気軽に試してみよう

口座残高で資金量を設定

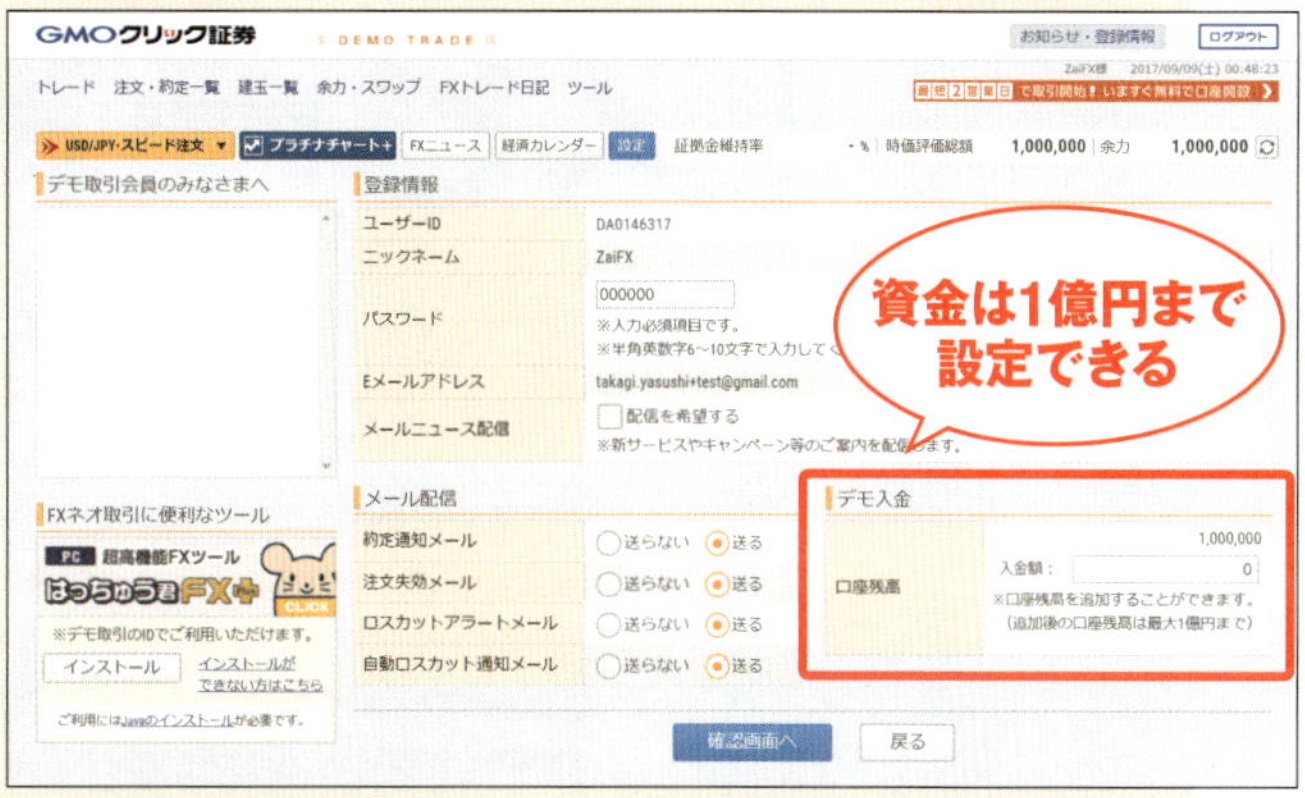
資金は1億円まで設定できる

IDと申し込み時に決めたパスワードでデモ口座にログイン。口座残高は1億円まで設定できるので、リアルな自己資金を入力するもよし、超ハイレバ取引を試すのもよし

POINT 3

まずは、デモトレードでイメージトレーニングを

ツールの使い方、レバレッジの効果を体感

口座開設手続きの入力を済ませてから簡易書留郵便が届くまでの数日間、何もしないでいるのはもったいない。

GMOクリック証券では、仮想資金でFXを体験できるデモ口座が用意されている。パソコン用のホームページを開いてデモ口座を開設、実際の取引感覚を確認しておこう。

もちろん、使うのは実際のトレードと同じ取引ツール。実資金での取引を始めたとき、「決済ってどうやるんだっけ?」なんて慌てないよう、チャートの開き方から新規発注、決済まで基本的な操作方法をひととおり試しておくと安心だ。

このとき、考えて設定しておきたいのが口座残高。GMOクリック証券のデモ口座は資金量を10万円から9999万円まで任意に設定できる優れもの。自分が始める資金と同じ金額に設定しておくと、為替レートが1円動いたときに口座残高がどのくらい変動するか、事前に把握できる。

あるいは、経済指標前など市場が動きそうなとき、取引量をあえて目いっぱい増やしてみるのもいい。資産が急減、急増するレバレッジの効果を体感できる。

デモ口座でいろいろ試しておくと、実際の取引で想定外のことが起きたときも、焦らず落ち着いて対応できるはず。

GMO CLICK

その3

［取引方法］

チャンスを逃さない「スピード注文」

POINT 1 ワンクリックで約定、スピード注文

POINT 2 通常の注文方法もマスターしよう

POINT 3 注文は自分仕様にカスタマイズ

POINT 1

ワンクリックで約定、スピード注文

エントリーから決済まで1画面で完結

GMOクリック証券を利用する人から高い評価を集めているのが「スピード注文」だ。

その魅力はなんといってもスピーディな発注。それを実現するため、取引ツールの画面はコンパクトに設計されている。取引に必要な情報が凝縮され、スピード重視の短期取引を支えてくれるのだ。

このスピード注文、パソコンからだけでなく、スマホでも利用できる。もちろん、その機能性はスマホだからといって劣るところは一切なし。むしろ、スマホだからこその利便性が活かされている。

スピード注文パネルから売注文／買注文のボタンをタップすると、成行注文が即時に完了。ポジション保有後は含み損益が同一画面に表示。決済も、買いポジションを持っている場合は「売注文」ボタンを、売りポジションを持っている場合は「買注文」ボタンを押すだけ。

また、スピード注文画面でスマホを横向きにすると、自動的にチャートが表示。チャートを見ながらのスピード注文も可能だ。

こうした機能がすべてスマホの小さな画面の中で実現されているのだから驚くばかり。

ただし、スピード注文では「スピード命」で確認画面が省略されているので、不慣れだと誤発注のリスクもある。

これが「スピード注文」画面だ!

保有するポジションをすべて決済したいときは「全決済」のスイッチをオンにしておこう。全決済ボタンをタップすると表示中の通貨ペアのポジションがすべて決済される。

スピード注文での決済とドテン、両建てについて

スピード注文画面での決済は、注意が必要。買いポジションを持っているときに売りボタンを押すと、指定した数量が決済される。指定した数量が、保有するポジション量よりも多いと「ドテン」となり、ポジションが全決済されるとともに反対側のポジションを持つことになる。

両建てしたいときには設定画面であらかじめ両建てをオンにしておこう。

通常の注文もカンタン

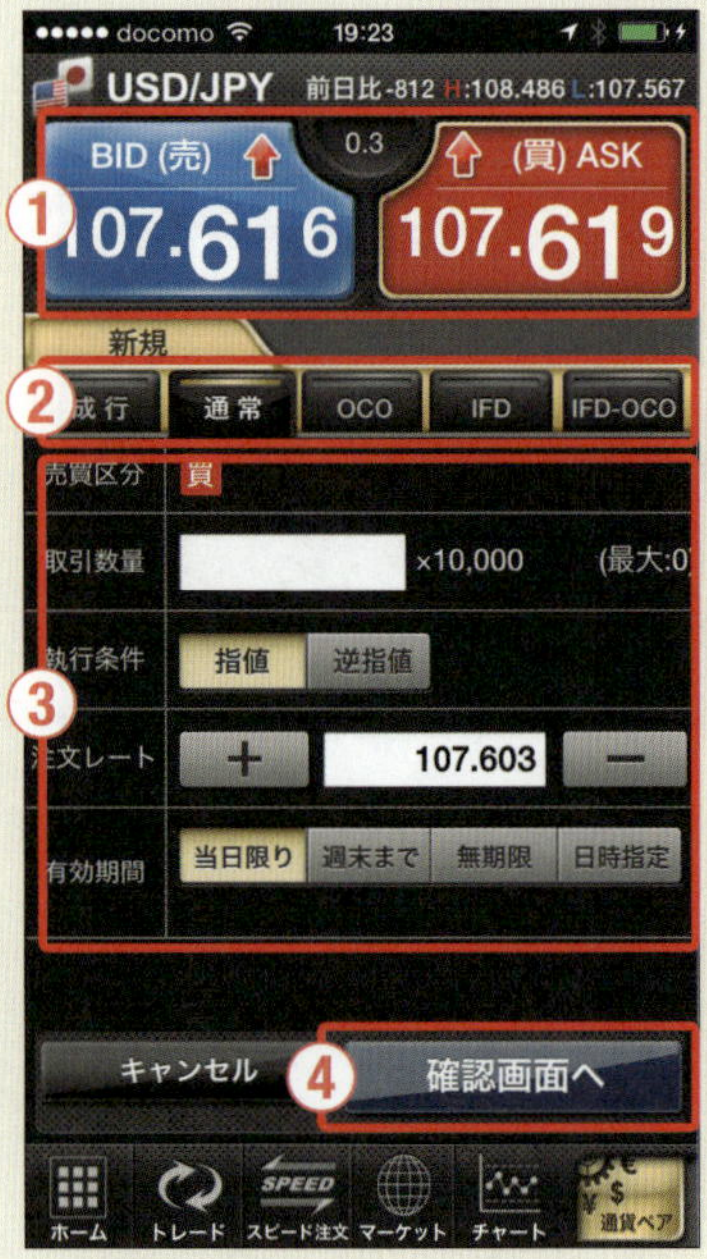

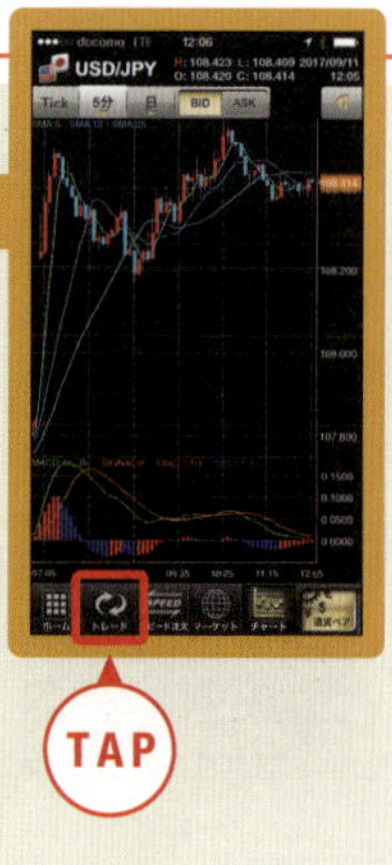

① 売買区分をタップ

画面下部のメニューから「トレード」を選ぶと通常の取引画面に。まずは、「売り」か「買い」かを選択

② 注文方法を選択

どの注文方法でトレードするのか。成行や指値／逆指値、OCO、IFD、IFD-OCOから選ぼう

③ 新規注文の内容を入力

取引数量や注文レート、有効期限などを指定する。成行の場合は許容スリッページも設定が可能だ

④ 確認

最後に確認ボタンを押すと、確認画面が表示される。「注文確定」をタップすると発注完了。これなら操作ミスもナシ！

決済注文は建玉一覧から

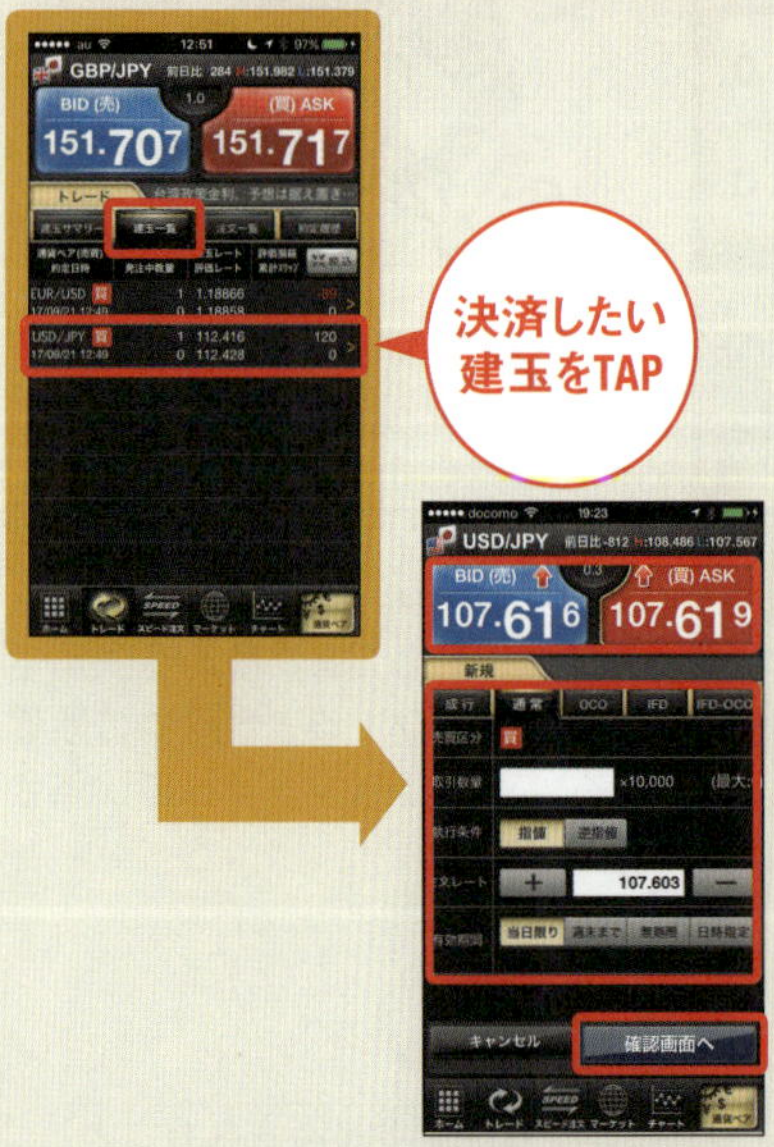

保有ポジションの決済は画面下部の「トレード」→「建玉一覧」をタップ。決済したいポジションを選び決済画面へ。発注済みの注文の変更は「注文一覧」から。

POINT 2

通常の注文方法もマスターしよう

急がないときは通常の発注画面で

成行や指値、逆指値、OCO、IFD、IFD-OCOといった通常の発注方法も、マスターしておこう。

画面下の「トレード」タブをタップ。基本的な使い方はスピード注文と同じで、違いは確認画面の有無。通常のトレード画面では、発注後の確認画面で「注文確定」をタップして初めて約定となる。

ひと手間増えるが、そのかわりに操作ミスを防ぐことができる。時と場合によって、使い分けよう！

自分仕様に注文設定を！

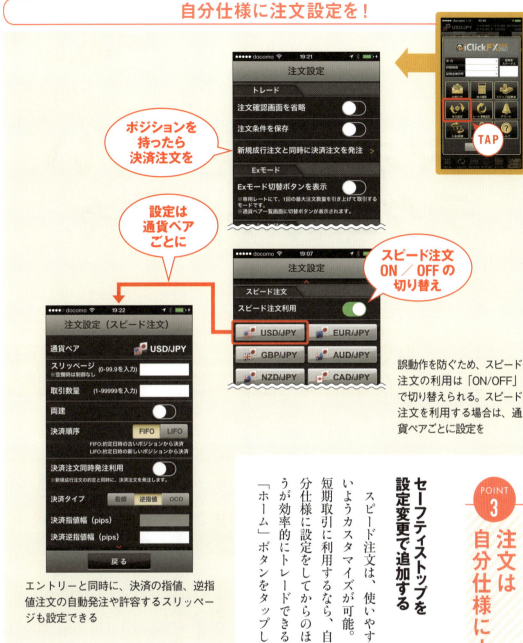

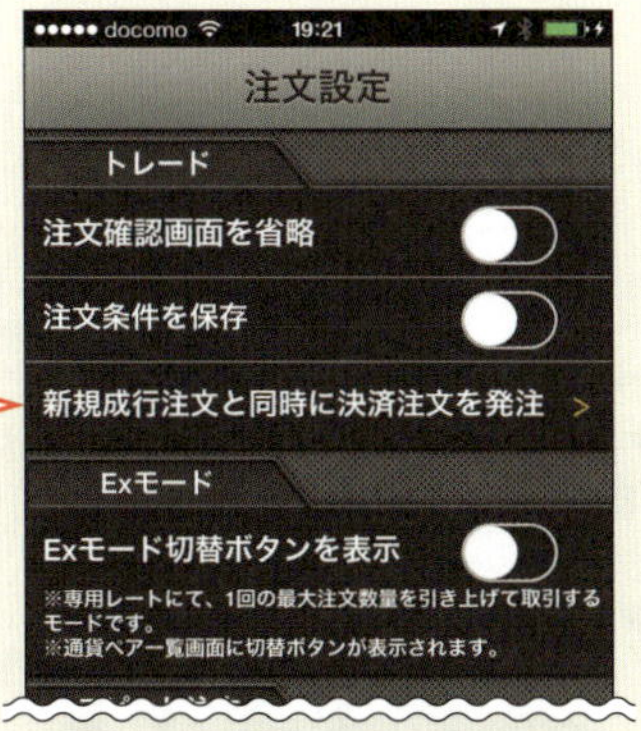

誤動作を防ぐため、スピード注文の利用は「ON/OFF」で切り替えられる。スピード注文を利用する場合は、通貨ペアごとに設定を

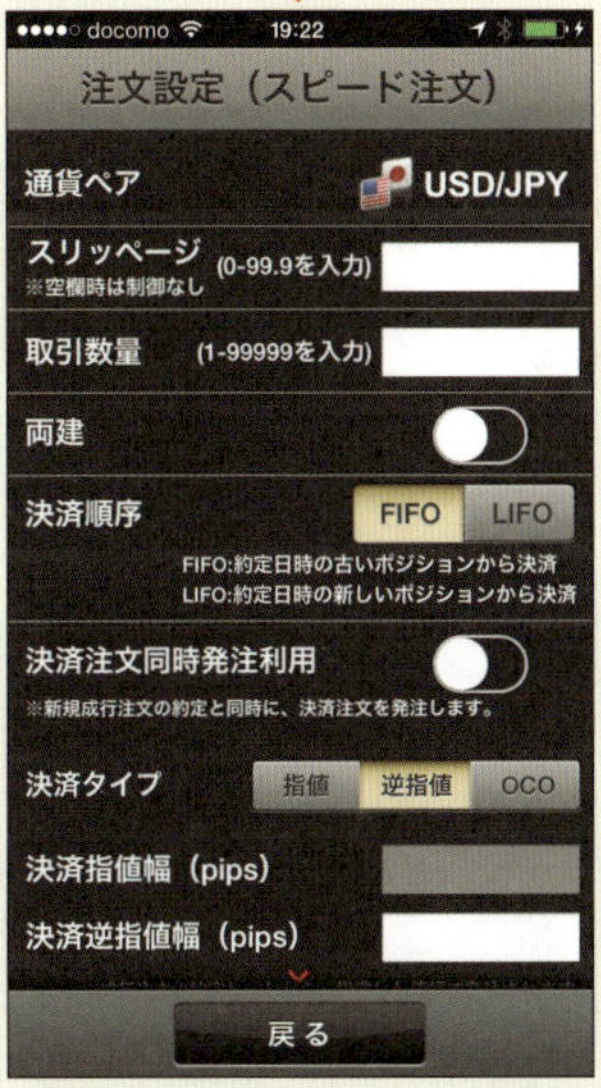

エントリーと同時に、決済の指値、逆指値注文の自動発注や許容するスリッページも設定できる

POINT 3

注文は自分仕様にカスタマイズ

セーフティストップを設定変更で追加する

スピード注文は、使いやすいようカスタマイズが可能。短期取引に利用するなら、自分仕様に設定をしてからのほうが効率的にトレードできる。

「ホーム」ボタンをタップして、「注文設定」を開いてみよう。「スピード注文」では、スリッページ（発注した価格と約定価格の差）の許容値や発注時に表示される取引数量、両建ての有無などを通貨ペアごとに細かく設定できる。

加えて、本書で「ポジションを持ったらストップ（逆指値注文）を」と繰り返してきた西原氏は、「『セーフティストップ』、つまり万が一に備えた遠めの逆指値注文を入れるといい」とアドバイス。

実際の損切りは手動で行うにしても、新規ポジションを持つと同時に、セーフティストップが発注されるように設定しておけば何かと安心。

スマホアプリでもリスク管理は必須なのだ。

GMO CLICK

その4

［チャート］

スマホでも見やすいテクニカルの数々

POINT 1 スマホのチャートでも妥協はしない！

POINT 2 スマホチャートのテクニカルはこう使おう！

POINT 3 パラメータの設定もカンタン・ラクラク

POINT 1 スマホのチャートでも妥協はしない！

フィボナッチの描画にも対応

　本書で紹介した移動平均線やオシレーター系テクニカルは、GMOクリック証券のスマホアプリのチャートに、ほぼ表示させることができる。

「明日、MACDがゴールデンクロスしたら買おう」と思っていても、いつ、いくらでMACDがクロスするかはわからないので、指値を入れられない。そんなときはスマホの出番だ。

　仕事の休憩中にスマホでサッとチャートを確認、戦略通りのチャートになっていたら、そのまま発注画面に移って注文できる。

　また、GMOクリック証券のスマホアプリはテクニカル分析だけでなく、水平線やトレンドライン、フィボナッチ・リトレースメントといったラインの描画機能も充実。「MACDを見てエントリー、ストップの位置はフィボナッチで決める」といったことも外出先でだってできるのだ。

「戦略を描くのには画面が大きく、情報もじっくり読めるパソコンに一日の長があります。しかし、スマホでも何ら遜色ない時代になりました」と西原氏。

　スマホはそもそも情報入手のツールでもある。そこにチャート分析、発注までがカバーできるようになったわけで、……最強のモバイルFXツールとなること間違いなし！

POINT 2

スマホチャートのテクニカルはこう使おう！

テクニカルの表示は設定アイコンから

チャート画面の上部のバナーに表示されたアイコンから、テクニカル分析の設定や描画ツールを表示。搭載されたテクニカルは10種。描画はトレンドラインやフィボナッチなど5種類までOK！

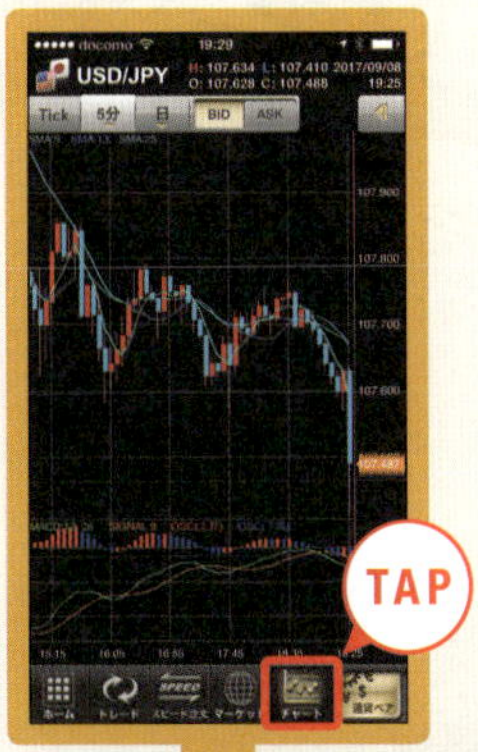

画面下の「チャート」アイコンをタップ。画面を横にすれば、横画面チャートに変換される。美しく見やすいだけでなく、12種類の足種、10種類のテクニカル分析を表示できるのもうれしい。
さらにiPhone用ではトレンドラインや水平線、フィボナッチ・リトレースメントなどのライン描画機能も！

搭載テクニカルは使い勝手のよい10種!

トレンド系	オシレーター系
●単純移動平均線	●MACD
●指数平滑移動平均線	●RSI
●ボリンジャーバンド	●ストキャスティクス
●一目均衡表	●DMI
●平均足	●RCI

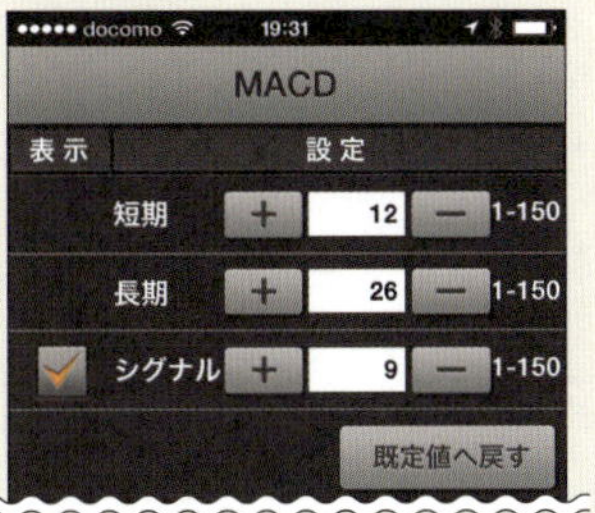

使いたいテクニカル分析は、「✓」で表示。さらにタップをし、設定画面でパラメータの数値をお好みで入力して完了！

POINT 3

パラメータの設定もカンタン・ラクラク

テクニカル分析は自分仕様にアレンジ

スマホアプリでも、5種類のテクニカル分析を同時に表示。もちろん、パラメータも変更可能だ。パラメータの設定は保存でき、複数のテクニカル分析を使い分けるときにも入力し直す必要がなく便利。

GMO CLICK

その5

［取引ツール］

充実のパソコンツール

POINT 1 システム開発に自信アリ！　パソコンのツールも充実

POINT 2 チャート分析は「プラチナチャートプラス」

POINT 3 アクティブトレーダーが支持。「はっちゅう君FXプラス」

POINT 1 システム開発に自信アリ！ パソコンのツールも充実

2つの取引ツールと高機能チャート

自宅にいるときは、パソコンでじっくり戦略を立てて、取引したいという人も多いはず。GMOクリック証券ではパソコンで利用できる取引ツールも充実している。

ひとつは、インストール不要のブラウザ取引画面。インターネットブラウザからログインするだけで利用できるので、サッとポジション状況を確認したい、注文を変更するだけといったときに便利だ。

もうひとつが、インストールして利用するタイプの「はっちゅう君FXプラス」。ブラウザ版に比べ機能が豊富で、反応も速く、画面レイアウトの変更も自由自在。腰を据えてじっくり取引したいときに心強い味方となってくれる最強ツールだ。

さらに、ブラウザ版からもはっちゅう君FXプラスからもアクセスできる高機能チャートが「プラチナチャートプラス」だ。最大16枚のチャートを同時に表示でき、搭載したテクニカル分析はなんと38種類！　日経平均と米ドル／円を1枚のチャートに表示させ値動きを比べたり、チャート上にニュースを表示させたりと機能が満載だ。

家でははっちゅう君FXプラス、外出先ではスマホアプリというあわせ技で使えば、最強のFX取引環境が実現できる！

初心者から上級者まで ブラウザ取引画面

1画面に必要な情報を網羅。初心者にも扱いやすいが、スピード注文も利用できて機能は本格的！

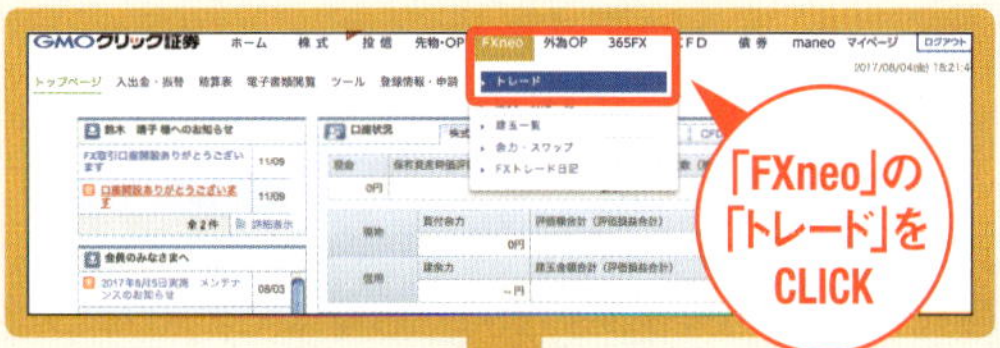

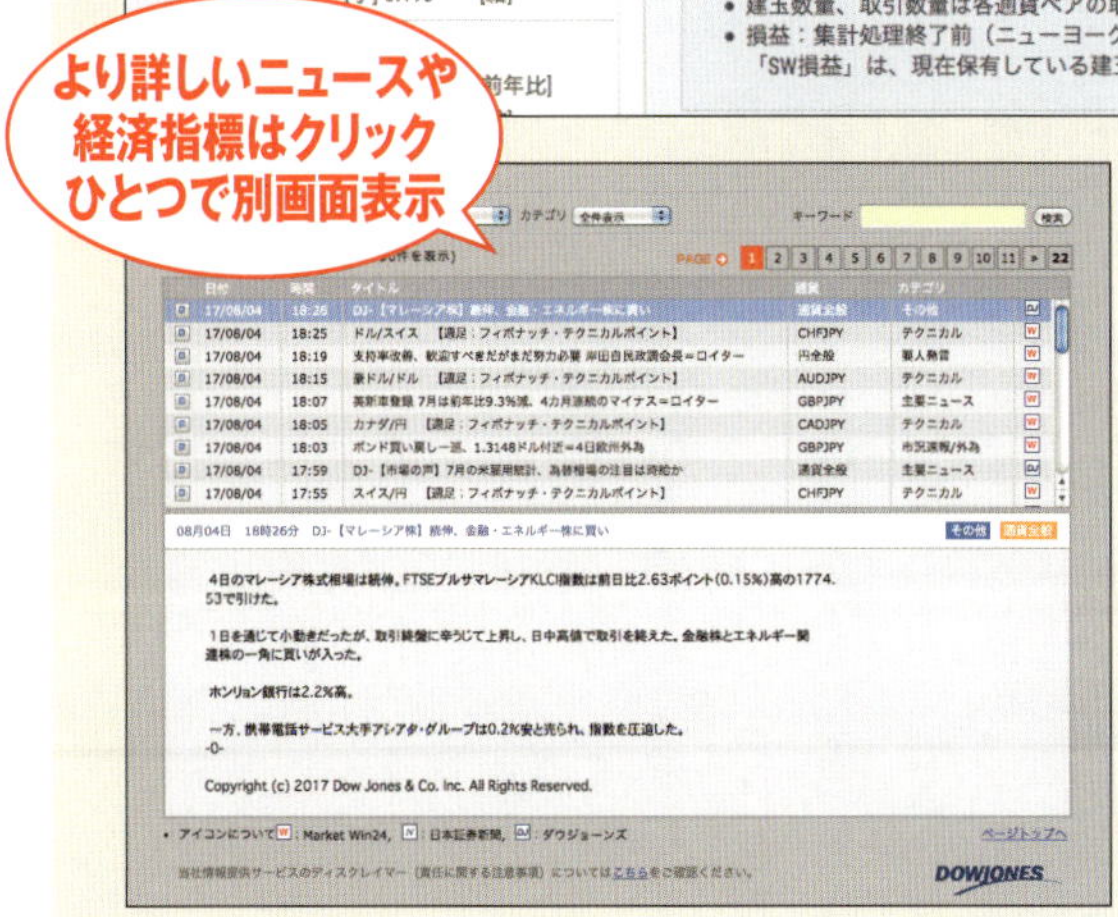

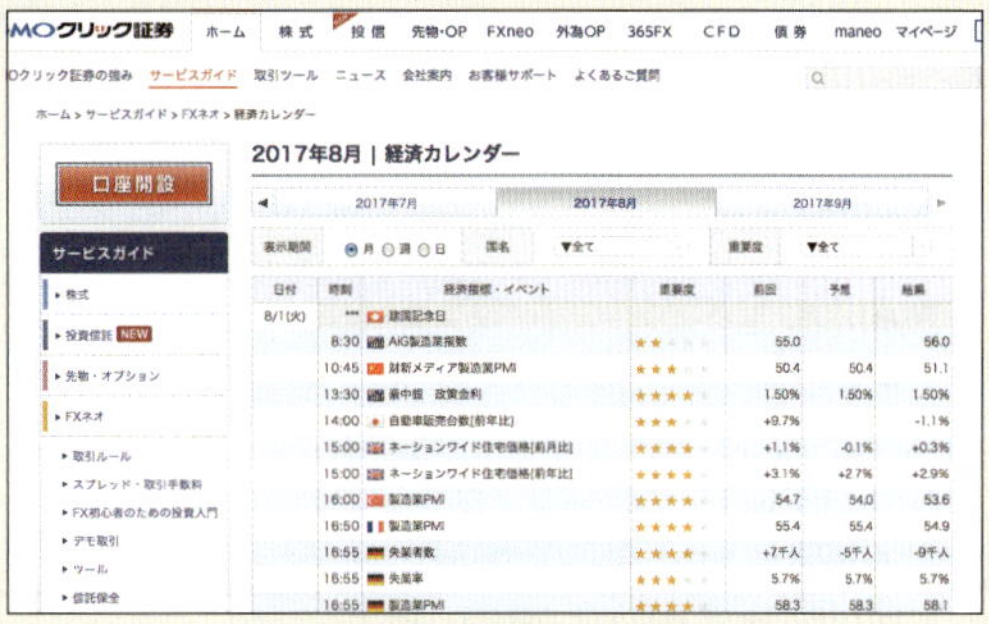

経済指標の発表予定が確認できる「経済カレンダー」や「FXニュース」など情報面も万全

チャート分析はおまかせ！

プラチナチャートプラス

チャート分析に取り組むときはこのチャートを起動。
無料とは思えない充実の機能が満載だ！

FXneo画面

トレンド系

単純移動平均線、指数平滑移動平均線、エンベローブ、ボリンジャーバンド、HLバンド、移動平均線／実線乖離率、ケルトナーチャネル、カオス・アリゲーター、平均足、新値足、カギ足、陰陽足、ポイント&フィギュア、パラボリック、CCI、ジグザグチャート、線形回帰トレンド、アルーン、バランスオブパワー、一目均衡表

オシレーター系

MACD、モメンタム、A/Dライン、ACオシレーター、オーサムオシレーター、ブルパワー、ベアパワー、デマーカー、RVI、RSI、ストキャスティクス、ウィリアムズ%R、サイコロジカルライン、DMI、ADX、ADXR、RCI、ROC

POINT 2

チャート分析は「プラチナチャートプラス」で

西原氏をうならせた2通貨ペアの同時表示

「2つの異なるチャートを同時に1枚で表示できるのは、相関性を見るのに非常に便利。プロ向けツールのようですね」と西原氏をうならせたのが、「プラチナチャートプラス」。

38種類ものテクニカル分析が利用可能で、フィボナッチ・リトレースメントをはじめとする描画機能も充実。さらに画面の配置を自分好みに変更することもできる。プロのようなチャート分析が可能で、利用はもちろん無料！

アクティブトレーダー向け

はっちゅう君FXプラス

情報確認、新規発注から決済まで、素早く完了させるための機能が充実。インストールして損はナシ！

ブラウザ取引画面からダウンロード

FXneo画面

「はっちゅう君FXプラス」を起動し、IDとパスワードを入力。インストールはブラウザ取引画面のバナーから

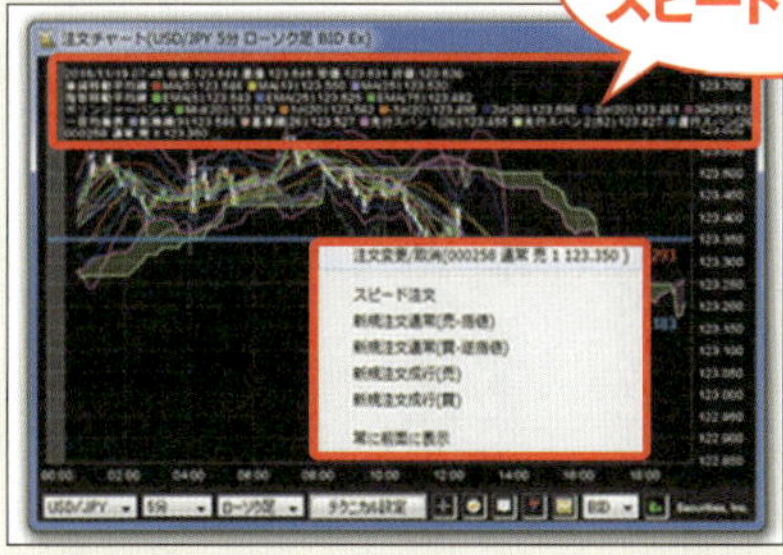
チャートからスピード注文！

注文チャートでは指値や逆指値の位置がラインで表示。マウスでラインをドラッグすると注文レートの変更ができる。

POINT 3

アクティブトレーダーが支持。「はっちゅう君FXプラス」

ダウンロードして使うだけの価値アリ！

専業トレーダーからも高い評価を集めているのが、GMOクリック証券の「はっちゅう君FXプラス」だ。

インストールをする必要はあるけれど、使ってみれば、その手間をかけた以上の使い勝手のよさを実感するはず。

リアルタイムに更新されるレート、「今だ！」と思ったら即座に約定してくれる約定速度など、とにかく、短期取引に便利な機能が満載なのだ。

しかも、為替レートや注文、保有ポジションなどの一覧や証拠金維持率など、取引に必要な情報はコンパクトに表示されつつ、レイアウトは自分好みに変更が可能。

さらに、チャート上から発注できる注文チャート、入出金や振替もワンクリックでできるなど、アクティブトレーダーのかゆいところに手が届く設計。GMOクリック証券のシステム開発力の高さを実感できるツールだ。

GMO CLICK

その6

［CFD口座］

世界の株価指数やコモディティに投資！

POINT 1 FXトレーダーとCFDは好相性

POINT 2 CFD口座開設もラクラク。ツールも充実

POINT 3 ひとつのIDでFXもCFDも！

POINT 1 FXトレーダーとCFDは好相性

世界の株価指数や原油、貴金属を取引

GMOクリック証券で口座を開くメリットとして、FXだけでなくCFDへの投資もできるという点は大きい。

念のためおさらいしておくと、CFDはさまざまな国の株価指数や商品、外国株を対象にした金融商品。

証拠金をもとにレバレッジをかけたり、ショートから入ったりできるのはFXと同じ。その仕組みはFXとよく似ていて、FXトレーダーなら、なじみやすい金融商品なのだ。

GMOクリック証券が取り扱っているCFDの銘柄は、バラエティ豊か。「株価指数」は、NYダウ平均や日経平均、ドイツの株価指数であるDAX、同じくイギリスのFTSE100、それに上海や香港など中国株の指数など10種類。

WTI原油や金、銀、プラチナ（白金）などのコモディティ銘柄は7種類あり、株式現物を参照原資産とする株式CFDなどもある。

NYダウ平均やコモディティの値動きがFXのトレードの参考になることは、4章で紹介したとおり。CFDへの挑戦は、FXのトレードにも好影響を与えるはず。

せっかくGMOクリック証券でFXをするなら、FXだけでなくCFDの口座も作っておくべし。きっと、収益機会を増やせるはず！

POINT 2

CFD口座開設もラクラク。ツールも充実

あとからでもCFD口座は開ける！

FX口座開設の際、「証券取引口座」を選択すれば、CFDの口座も同時に開設することができるのでラク。「FX専用取引口座」でも、マイページからCFD口座を追加で開くことができる

FXと似ていて違うCFD

	CFD	FX
儲ける仕組み	安く買って高く売る、高く売って安く買い戻す	
決済方法	売買の差額の分のみを決済	
投資対象	世界各国の株価指数やコモディティ、株式など	USD/JPYやEUR/JPYといった通貨ペア
レバレッジ	株価指数CFD:10倍 商品CFD:20倍 株式CFD:5倍 バラエティCFD:5倍	最大25倍
取引時間	月曜午前8:00～土曜午前7:00 (サマータイム期間は月曜午前7:00～土曜午前6:00) ※銘柄によって異なる	月曜午前7:00～土曜午前7:00 (サマータイム期間は月曜午前7:00～土曜午前～6:00)

POINT 3

ひとつのIDでFXもCFDも！

ユーザーの目線の「シングルサインオン」

うれしい機能が、CFDもFXと同じIDとパスワードでできる「シングルサインオン」。原油の値動きがいいとき、FX資金をCFD口座へ移して原油を取引。決済してFXへ戻すことも可能だ。

CFDもGMOクリック証券な理由

厳選された多彩で豊富な銘柄！

株価指数CFD	全10銘柄
商品CFD	全7銘柄
海外ETF・ETN CFD	全37銘柄
外国株CFD	全82銘柄

FX口座と同じIDとパスワードで取引！

ひとつのID、パスワードですべての商品が取引できる。手数料や手間なく資金の移動が可能！

CFDも使いやすいツールが充実！

CFDのスマホアプリも充実。世界の株価や商品市況が手もとでリアルタイムに把握できる！

GMO CLICK

その7

［サービス］

GMOクリック証券で長く続けるFX

POINT 1 トレーダーとして上達するためには？

POINT 2 自動更新される「FX トレード日記」で検証を

POINT 3 「トレードアイランド」で競い合い、刺激を受ける

POINT 1 トレーダーとして上達するためには？

学び続けること楽しむこと

ＦＸと長くつきあって、継続的に利益をあげるために欠かせないのは、学ぶこと。どんな上級者だって（上級者だからこそ！）、毎日、新しい知識を吸収しながら、日々進化している。まして初心者は勉強が欠かせない。

「ＦＸはまぐれで勝つこともありますが、それで自信過剰になっていては長続きしない。勉強することが大切ですし、ＡＩの登場などで市場の動き方が大きく変わりつつあります。もっといえば勉強し続けなければ、市場の変化に置き去りにされてしまいます」（西原氏）

勉強すべきことはいろいろあるが、欠かせないのは自分のトレードを記録し、振り返り、改善のヒントを探すこと。トレード記録をどう残すのか、環境を整えておこう。

「それにお互いを高め合えるようなＦＸ仲間がいると刺激になる。情報を交換でき、自分のトレードを客観的に見てくれる存在です。周囲にいなくとも、ツイッターなどのＳＮＳを利用すれば見つけやすいですよね。仲間がいればＦＸが楽しくなる。ＦＸと長くつきあうためには、楽しむことが何よりです」（西原氏）

記録し、仲間を作り、楽しむこと——。そのための環境を整えることも、ＦＸを続けていくためには必要なのだ。

POINT 2

自動更新される「FXトレード日記」で検証を

トレードを記録する手間も省ける

ぜひ、活用したいのがGMOクリック証券のツールに常設されている「FXトレード日記」だ。

損益や取引件数、平均保有時間といったデータを自動で集計してくれる。

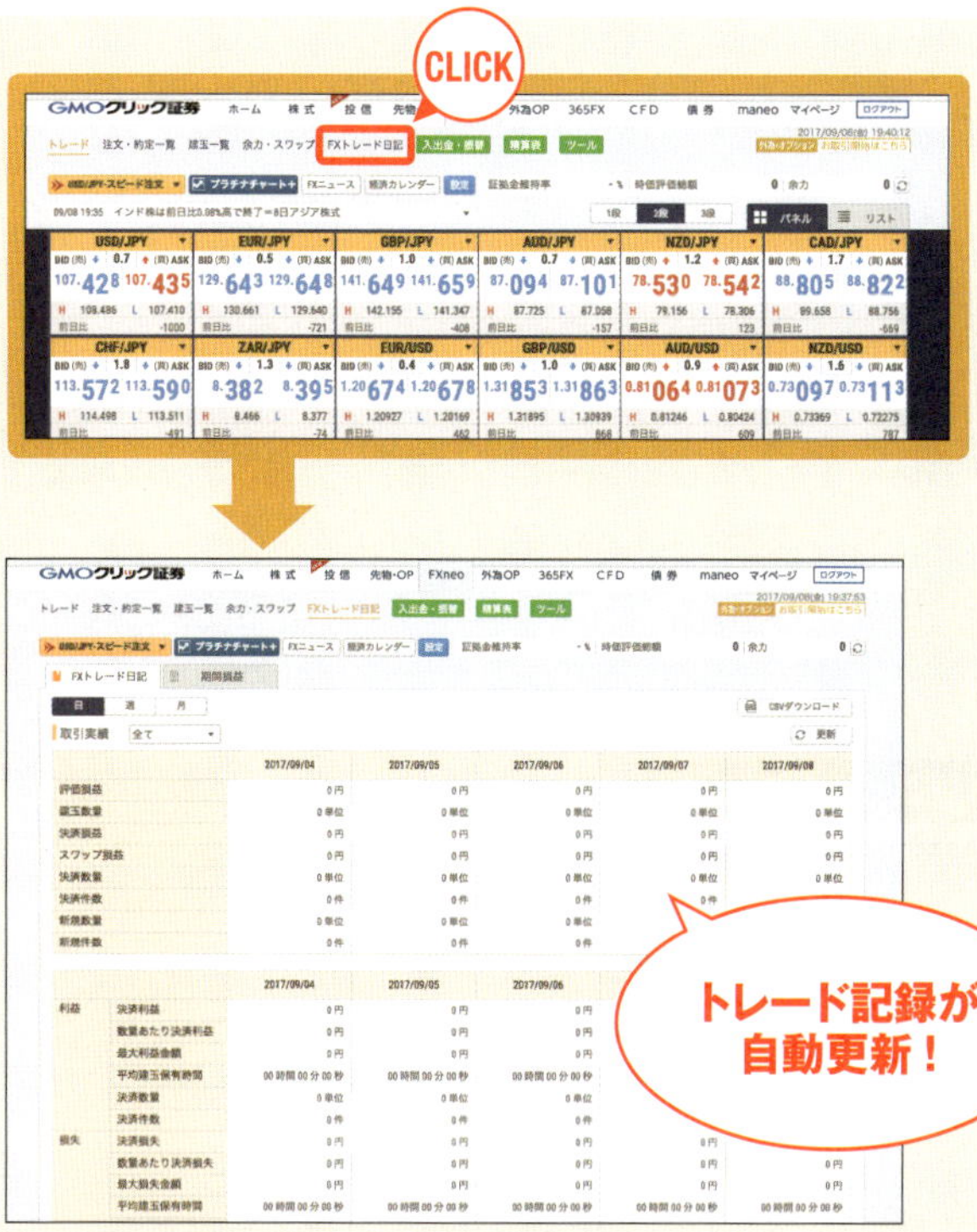

取引実績の詳細が日・週・月ごとに表示される。振り返って、自分のトレードのクセを知ろう！

POINT 3

「トレードアイランド」で競い合い、刺激を受ける

ライバルとの比較で自分の位置を確認する

取引した結果を公開できるのが「トレードアイランド」。

上位者は億の単位で稼いでいて刺激にもなるはず。プロフィール欄には好きなURLを貼れるので、ツイッターなどのSNSと連携させてもいい。

トレードアイランドを利用するには登録が必要。マイページ→ツールと進んで各種サービスからトレードアイランドを選択

GMOクリック証券よりFXのリスクについて

外国為替証拠金取引は外国為替レート、金利の変動で損害を被るリスクがあり、投資元本は保証されません。

預託した証拠金の額に比べ大きい金額の取引ができ、マーケットの相場変動率に比べ投資元本の損益変動率が大きく、状況により損失が預託した証拠金額を上回る危険性があります。

当社が提示する各通貨の価格は売付けと買付けの価格とが異なっています。

お客様が当社に預託する必要証拠金の額は、取引金額の4%相当額です。

法人のお客様の必要証拠金の額は取引金額の1%以上かつ金融先物取引業協会が算出した通貨ペアごとの為替リスク想定比率を取引の額に乗じて得た額です。なお、為替リスク想定比率とは、金融商品取引業等に関する内閣府令第 117 条第 27 項第 1 号に規定される定量的計算モデルを用い算出します。ロスカット時、強制決済時には、手数料が1万通貨単位あたり税込500円(但し、南アフリカランドは、10万通貨単位あたり税込500円)発生します。

時価評価総額が必要証拠金の50%(法人のお客様は100%)を下回った場合、ロスカットとなります。ロスカット時、強制決済時に元本を超える損失が発生する場合がございます。

スプレッドは相場急変時、指標発表時等に拡大する場合がございます。

スリッページが発生することにより、発注時点に比べ不利な価格で約定する場合がございます。

また、市場の流動性低下等の理由により注文がリジェクトされる場合がございます。

Episode 0

トレード前夜 FXの基礎知識

FX＝外貨証拠金取引って、何なのか？
「これから、FXを始めよう!」と思っている方のために、
本章ではFXの基礎知識を改めて解説していきます。
生徒役はフリーアナウンサーでタレントの吉永実夏さん。
投資番組への出演をきっかけにFXを始め、
そのキャリアは5年。とはいえ、まだまだひよっこトレーダーから
抜け出せない吉永さんが、素朴な疑問を“西原先生”にぶつけます。

吉永実夏

フリーアナウンサー・タレント。ラジオNIKKEIなどの投資番組に出演をきっかけにFXを始める。現在、アムステルダム在住

Episode 0-1
トレード前に知っておくべきFXの基礎知識

FX（外貨証拠金取引）は2つの通貨の交換レートを予測する投資

安いうちに買って高くなったら売る

西原　吉永さんはFXを始めて、どのくらいになるんですか？

吉永　5年ぐらいでしょうか。「FX」という言葉を初めて聞いたときは、何が何だかわかりませんでしたけど、勉強しながら、なんとかやってきました（笑）。

西原　では、「FXって何？」と聞かれたら、どう説明しますか？

吉永　「通貨を売買する取引」と『ザイFX！』にありました。

西原　そのとおり！　なんだけど……ちょっと危なっかしいので、おさらいをしておこう。ここにリンゴがあるとします。リンゴを食

0章　関連キーワード

スワップ金利

FX会社によっては「スワップポイント」と呼ばれることも。高金利通貨を売る取引だと、支払いになる場合もある。高金利通貨を長期間、売り続けていると、支払いスワップが意外に大きな負担となることもあるため要注意。

べたい吉永さんは、どうしますか？

吉永 お金を払って買います。50円で売ってください！

西原 それでは安すぎるから(笑)、100円で売ってあげましょう。

吉永 リンゴ1個＝100円の取引が成立ですね。

西原 次に価格の変動を考えてみましょう。リンゴの収穫は秋ですよね。春にリンゴを買おうと思ったら高くなるかもしれない。そう予測したら吉永さんはどうする？

吉永 値段が安い秋のうちに、リンゴをたくさん買っておきます。

西原 リンゴ1個が100円のときに100個買っておき、春になって150円で売れば1個あたり50円の利益だから、100個で5000円の利益になりますよね。

FXとは通貨を売買する取引
「安く買って高く売る」が基本
リンゴ
1個100円
この先、リンゴの値段は上がるに違いない！
買い！
150円で売れば
50円の利益！
80円で売れば
20円の損失……
LONG
＝買い取引

吉永 安いときに買って、高くなったときに売ると儲かります。

西原 それがFXの基本です。リンゴを米ドルやユーロなどの外貨に置き換えてみてください。みんなが米ドルを買いたいと思えば米ドル／円の為替レートは上がり、米ドルが不人気になればレートは下がる。それを予想して利益をめざすのがFXというわけ。

スワップ金利目当ての放ったらかしは危険

西原 この為替レートの上下で得られるのが「キャピタルゲイン」。他に、FXには「インカムゲイン」と呼ばれる収益もあります。

吉永 スワップ金利ですね！ でも実は、スワップ金利が何なのか、よくわからないんです。

西原 金利の低い国の通貨で金利の高い通貨を買ったとき、その金利差分を受け取れる。それがスワップ金利。例えば、今、日本の金利は0・1%。金利の高いオーストラリアの金利は1・5%。その差額を毎日、もらえるんです。

吉永 1・4%も！ 何もしなくてももらえるのはうれしいです。

西原 今は世界的に低金利ですが、リーマンショック前、オーストラリアの政策金利は7%台、ニュージーランドは8%を超えていました。だから、スワップ金利も大きな収益だったんです。でも、スワップ金利目当てで長期間、放ったらかしていると、通貨価値が大きく下がるかもしれないし、金利が下がるかもしれない。

吉永 それは怖いですね。

西原 個人的には、スワップ金利だけを目当てにしたトレードは考えないほうがいいんじゃないかと思っています。

為替レートの値動きで儲けるのがFX

Episode 0-2

上がっても下がってもチャンスがある

どうして、実際には持っていない通貨を「売る」ことができるのか？

初心者が戸惑う「売り」とはなんだ？

吉永　西原さん、私、FXを始めたとき、「売り（ショート）」がよくイメージできなかったんです。

西原　「買い（ロング）」だけでなく、「売り」からでも入れて、収益機会が多いのがFXの魅力のひとつ。でも、「売り」は初心者の人は戸惑いがちなポイントですね。

吉永　だって、「売る」っていっても、持ってないものは売れません。

西原　持っていないなら、どこかから借りてくればいいんですよ。借りてきたリンゴ1個を僕に100円で売ったとします。

0章 関連キーワード

売り

FXはすべての通貨ペアでは、買いと売りの両方が可能。買った通貨ペアを売ることで新規注文から決済までの一取引が完了するし、売りから始めた場合は買うことで一取引が完了する。

証拠金

取引を行うためにFX会社に預けるお金のこと。FX会社ごとに、取引金額の4％以上などといった形で「必要最低証拠金」が設定されている。

収益チャンスが多いFX
売り取引もできるのがFXの魅力
リンゴ 1個100円
この先、リンゴの値段は下がるに違いない！
売り！
150円で買い戻せば
50円の損失……
80円で買い戻せば
20円の利益！
SHORT
＝売り取引
持ってなくても……
借りてきて売ればいいんだ！

吉永　私のお財布に100円入りますけど……借りたリンゴを売って手に入れたお金だから、どこかでリンゴを買ってきて返さなきゃいけません。

西原　では、リンゴが80円に下がったときに手に入れて返すと、吉永さんのお財布の中身はどうなりますか？

吉永　80円でリンゴを買うから、お財布には20円残ります。

西原　高いときに売り、安くなったら買い戻す。それがFXの売りなんです。持っていない通貨や資産であっても、貸してくれる人がいて、あなたがちゃんと買って返すと約束するなら、先に売ることができるんですよ。

吉永　それを貸してくれるのが……FX会社！　「必ず買って返すよ！」と担保するためのお金が証拠金なんですね！

西原　ばっちり理解できているじゃないですか。

吉永　売りから取引を始めるのは、「為替レートが下がりそうだな」と思ったときですよね。

西原　そう。でも、FXは通貨と通貨の交換です。「為替レートが下がる」ということは、「通貨ペアの左に書いてある通貨の価値が下がる」ということでもあります。

吉永　えっと、例えば、米ドル／円（USD/JPY）が120円から100円に下がったときは……米ドルの価値が下がり、円の価値が上がっているということですよね。

FXトレードで世界が身近になる！

西原　そうそう。通貨ペアのレートというのは、左に書いてある通貨の1単位の価値を示しているわけ。株式取引の感覚が強いせいか、FXでも「米ドル／円」という金融商品を売り買いしている気になりがちだけれど、そうではないんです。FXでは、「米ドルで円を買う」「米ドルで円を売る」取引をしているんです。

吉永　なるほど！　モヤモヤしていたのが、スッキリしました！

西原　為替の差って、普段は意識しないかもしれません。でも、iPhoneなどのアップル製品や海外ブランド品など、値段の変動が頻繁にありますよね。

吉永　はい。

西原　為替は僕たちの日常生活と深く関わりのあるものなんです。為替レートは世界の経済や政治などが反映されて動きます。だから、FXをすると世界の政治や経済のニュースも身近に感じられるようになるんです。

吉永　私もFXを始めて、世界の政治や経済のニュースが気になるようになりました。前はお金への興味は強かったんですが、経済の知識は何もなくて。

西原　お金への興味が強ければ、FXの素養は十分です（笑）！

持ってなくても、借りて、売ればいい。その担保が証拠金

Episode 0-3

少額でも大きな取引ができる理由

FXの最大の醍醐味“レバレッジ”を活かすために知っておくべきこと

投資効率を上げてくれるレバレッジ

西原　さまざまな国の通貨で取引ができ、買いだけでなく売りからも入れて収益機会が多いのがＦＸの魅力ですが、忘れてはいけないのがレバレッジの存在ですね。

吉永　実は私、レバレッジって、よくわかっていないんです……。

西原　怖いなあ（笑）。じゃあ、１ドル１００円のとき、外貨預金で１万ドル分の米ドルを買おうと思ったら、いくら必要？

吉永　１００円×１万で１００万円ですよね。

西原　そうだね。でも、ＦＸなら自分の資金に対して最大25倍の額

0章 関連キーワード

強制ロスカット

含み損が膨らみ、そのままだと証拠金以上の損失を被る可能性が出てきたとき、FX会社ではあらかじめ合意されたレベルで自動的に損切り注文が行われる。強制決済、マージンカットともいわれる。

取引スタイル

エントリーから決済まで、数日から数週間で終えるトレードスタイルが「スウィングトレード」。1日以内に終えるのが「デイトレード」で、数秒から数分で終える超短期売買を「スキャルピング」という。

の取引ができます。これがレバレッジ。外貨預金では1万ドルを買うのに100万円が必要だけれど、FXなら約4万円程度から1万ドルの取引ができる。

吉永　資金10万円で、25倍の250万円分の取引ができるんですね。

西原　レバレッジのおかげで、FXは少額でも大きな額の取引ができ、利益もその分、大きくなる。

1ドル＝100円で1万ドルを買って、1ドルが105円になったとき売れば、いくらになる？

吉永　5円の利益が1万ドル分あるわけだから、5万円！

西原　10万円の元手で、5万円の利益。これは極端な例ですが、レバレッジのおかげでFXの投資効率はすごくいいんです。

吉永　でも、レバレッジが高いとリスクが高いっていいますよね。

西原　高いレバレッジをかけて、大きな額で取引をすれば、当然、失敗したときの損失も大きくなります。先ほどの10万円で1万ドルの取引で考えると、例えば、為替レートが5円下がると？

吉永　5円の損失が1万ドル分だから5万円！　資金が半分になっちゃいます。

西原　8円下がれば、強制ロスカット。マーケットから退場です。

レバレッジは適切に
レバレッジによって少ない資金で大きな取引ができる
最大25倍の取引ができる！
自己投資
レバレッジを大きくかけるとすぐに退場になるから要注意！
［1ドル＝100円のとき、10万円で1万ドルの買い取引］
1ドル＝105円になると……5万円の利益
1ドル＝92円になると……8万円の損失
強制ロスカット

レバレッジのかけすぎはハイリスク・ハイリターン

吉永　実は私、FXを始めたばかりのころ、強制ロスカットにあったことがあるんです。レバレッジをかけすぎていたのかも。

西原　その可能性はありますね。レバレッジを大きくかけると、「ハイリスク・ハイリターン」の取引になります。強制ロスカットが行われるタイミングは、FX会社によって異なりますが、例えば、GMOクリック証券だと必要証拠金の50%を切ると強制的に決済されます。証拠金に比べ、レバレッジが大きいと、含み損もどんどん膨らみ、証拠金不足になって、ロスカットされやすくなるんです。

吉永　必要証拠金めいっぱいで取引するのは危険なんですね。目安ってあるんですか？

西原　取引スタイルにもよりますが、数日程度の取引なら、「10万円で1万通貨」が目安ですね。

吉永　10万円で1万ドルを買うと、レバレッジは約10倍ですね。

西原　始めたばかりの初心者なら、5倍程度でもいいかもしれません。

吉永　私は一体、どんなレバレッジで取引していたんだろう……我ながら、恐ろしい……。

初心者なら、レバレッジはまず、5倍程度から！

Episode 0-4

ちゃんと確認しておきたいFXのリスク

「怖い」と言われるFXだけどリスクをコントロールできるのがFXのメリット

ポジションを取ったら「逆指値」

西原　吉永さんは何の通貨ペアをトレードしているんですか?

吉永　わかりやすいので、米ドル/円です。

西原　米ドル/円は日本人には馴染みがあって、情報も多いので初心者にはオススメですね。どういうトレードスタイルなんですか。

吉永　デイトレというか……空き時間にチャートを見て、いけそうだったら成行で入ります。

西原　なるほど。レートが動いた理由がわかっているのか、その先の見通しを持ってのトレードなのか、いささか不安だけど（笑）、

0章 関連キーワード

成行
レートを指定しないで、為替レートの動きを見て、現在の価格で注文する方法。

逆指値
「今よりも高く買いたい・安く売りたい」ときに使う注文方法。FXでは主にストップロス注文（損切り）に使われる。

流動性
取引通貨の交換がしやすいと、「流動性が高い」という。流動性が低いと取引が成立しにくく、希望する価格で買えない、売れないというリスクも。

その点はぜひ、この本を読んでもらうとして、損切りの注文である「逆指値」は入れてますか？

吉永　はい（キリッ）！

西原　為替市場では予期せぬ急変が起こります。上昇していても、突然、急落することもある。逆指値を発注しておけば、予想以上に損失が膨らむことがなくなります。逆指値（ストップロス注文）が習慣になっているのはいいですね。

吉永　先ほどお話ししたロスカットを経験したときに、その失敗から学習したんです。ポジションを持ったら放置しない！　逆指値は必ずいれる！って。

ポジションを
取って逆指値を
入れないのは×

西原　最初にそこそこやられた人のほうが、リスク管理の必要性を身をもって学ぶから、〝防御〟への意識が高くなる。いい勉強になりましたね。

吉永　FXを始めたばかりのころは、FX自体がよくわからなかったので、「怖い」というイメージはなかったんです。でも、知っていくうちに「怖いものかもしれない」と思うようになりました。

いくら損をするのか、自分で決められる

西原　たしかにFXにはいくつかのリスクがあります。為替レートは予想外に大きく動くかもしれないし、マイナー通貨だと決済したいときにできない流動性のリスクもある。また、レバレッジは効率よく儲けられる反面、大きな損失となる可能性もある。でも、僕がFXの魅力として感じているのは、こうしたリスクも自分でコントロールできるところなんです。

吉永　高いレバレッジをかけてリスクを取るか、低めにしてコツコツやるかは、自分次第ですもんね。

西原　レートの急変に対してだって、逆指値を入れておくことで限定的にできる。しかも、「いくら損をするのか」を、事前に自分で決められるわけです。逆に言えば、逆指値を入れられるからレバレッジがかけられるということでもある。僕にとっては、ストップロスがない外貨預金や、人に任せっきりの外貨建て投資信託のほうがよほど恐ろしい（笑）。

吉永　流動性のリスクはどうすれば……、マイナー通貨はそもそも、トレードしなければいいのか！

西原　どんなトレードでもリスクはあり、それを承知したうえで、いかにコントロールするかなんです。コントロールできていれば、強制退場させられることはないし、その失敗を教訓に、やり直すことができますから。

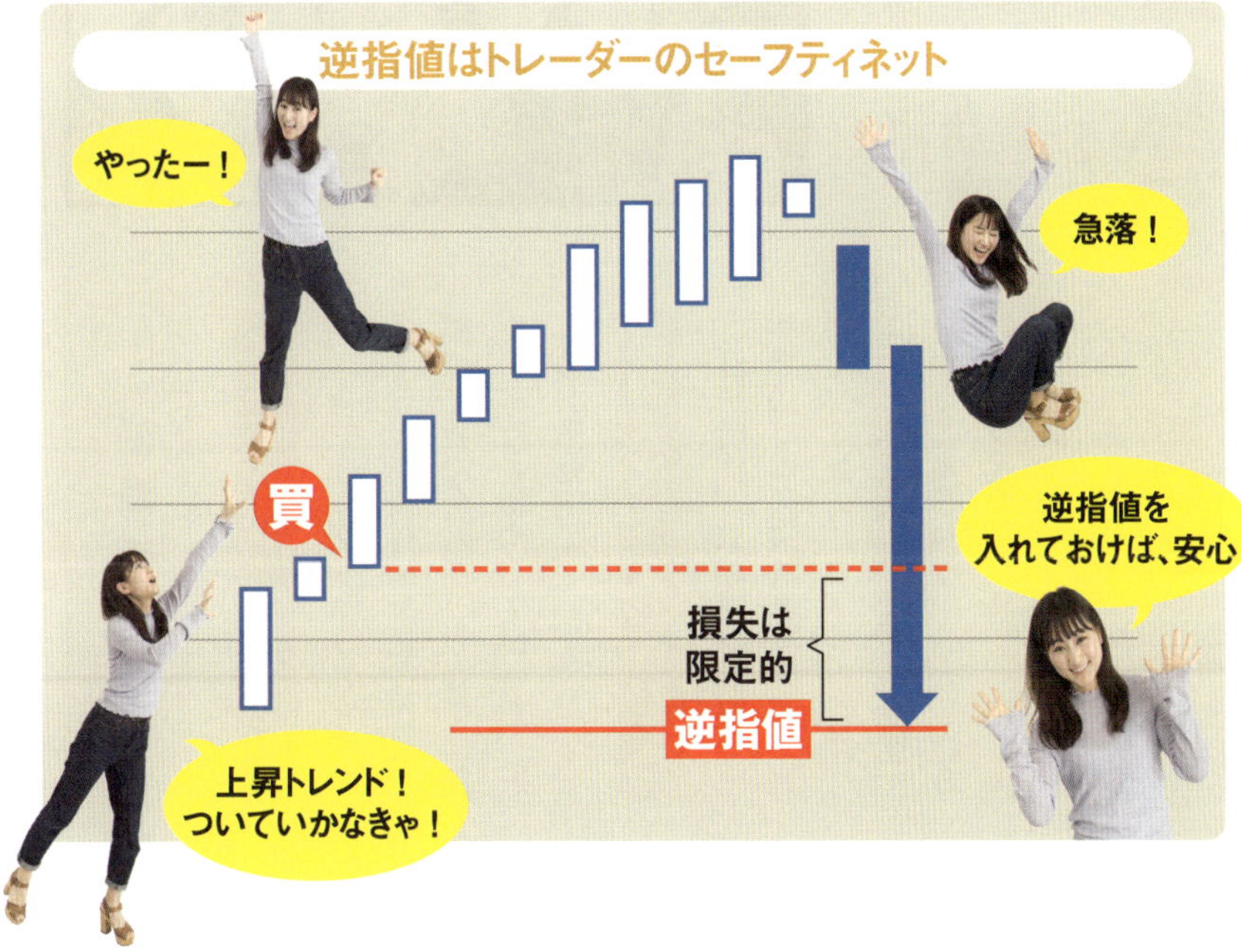
逆指値はトレーダーのセーフティネット
やったー！
急落！
買
逆指値を
入れておけば、安心
損失は
限定的
逆指値
上昇トレンド！
ついていかなきゃ！

Episode 0-5

トレードに欠かせないテクニカル分析

チャートがすべての基本。まずは、ベーシックなローソク足の見方から

「終値」が教えてくれること

西原　吉永さんはどんなテクニカル分析を使っているんですか？

吉永　一目均衡表、RCIです。よく耳にしていたし、実際、見やすかったので。でも、チャートを読み解いて理解できているかと言われたらそんなに自信はないし、結局、上がるのか下がるのかチャートを見ていてもわかりません。

西原　それはもう、勉強するしかないのだけれど、ローソク足の基本的な見方は覚えておきたいところです。基礎の基礎としてひとつお伝えると、意識してほしいのが「日足の終値」。

0章 関連キーワード

ウォール街

ニューヨーク証券取引所やニューヨーク連邦準備銀行などが拠点を置く金融街。かつては銀行の本社も集中していたが、近年は分散傾向に。

酒田五法

江戸時代、米相場で活躍した相場師、本間宗久が見いだしたローソク足のパターン。「三山」「三川」「三兵」「三法」「三空」という基本5パターンからなるローソク足の組み合わせで、売り場・買い場を分析する。

吉永 24時間動く為替市場で終値って何時の為替レートですか？

西原 日本時間でいうと朝7時。3月第2日曜日から11月第1日曜日までのサマータイムの期間なら朝6時が1日の終わりです。

吉永 どうして、7時、または6時なんですか？

西原 24時間動いている為替相場の1日の区切りをどこでつけるかはいろいろ議論もあるだろうけれど、世界の金融の中心はニューヨークのウォール街。そのため、ニューヨーク市場を基準にして、ウォール街での取引が終わる朝7時が1日の終わりとされるんです。

最後のローソク足をチェック
終値が上がってると、翌日も上がる、かも!
実体の長い陽線
長い下ヒゲ

吉永 でも、どうして終値が大切なんですか？

西原 経済指標が出たり、誰かが発言したり、1日、いろんなことがあったけれど、「結局、買い手と売り手のどっちが多かったか」を示すのが終値です。1日の始値は115円だったのに終値が113円だったら、その日は売りたい人が多かったということですよね。

買いか？ 売りか？ ローソク足に聞く

吉永 売りたい人の気分が明日も続いたら、翌日も下がるかも。終値が下がっている日が続いたら、下降トレンドになるってこと？

西原 そうです。同じことは週足にもいえます。1週間の出来事をもろもろひっくるめて結局、買いが多かったか、売りが多かったかを示すのが週足の終値。週末にはチェックしておきましょう。

吉永 週足の終値は土曜日の朝7時だから、土曜日か日曜日にチャートを見ればいいんですね。

西原 あとは少し高度な話になりますが、月曜日に出やすい「かぶせ」も覚えておくといいかも。吉永さんは「窓」はわかりますか？

吉永 前のローソク足の終値と、次のローソク足の始値がジャンプして、空いていることですよね。

西原 前週の終値115円で、月曜日朝は116円だった場合、「115円から116円の間に窓が開いた」なんて言います。

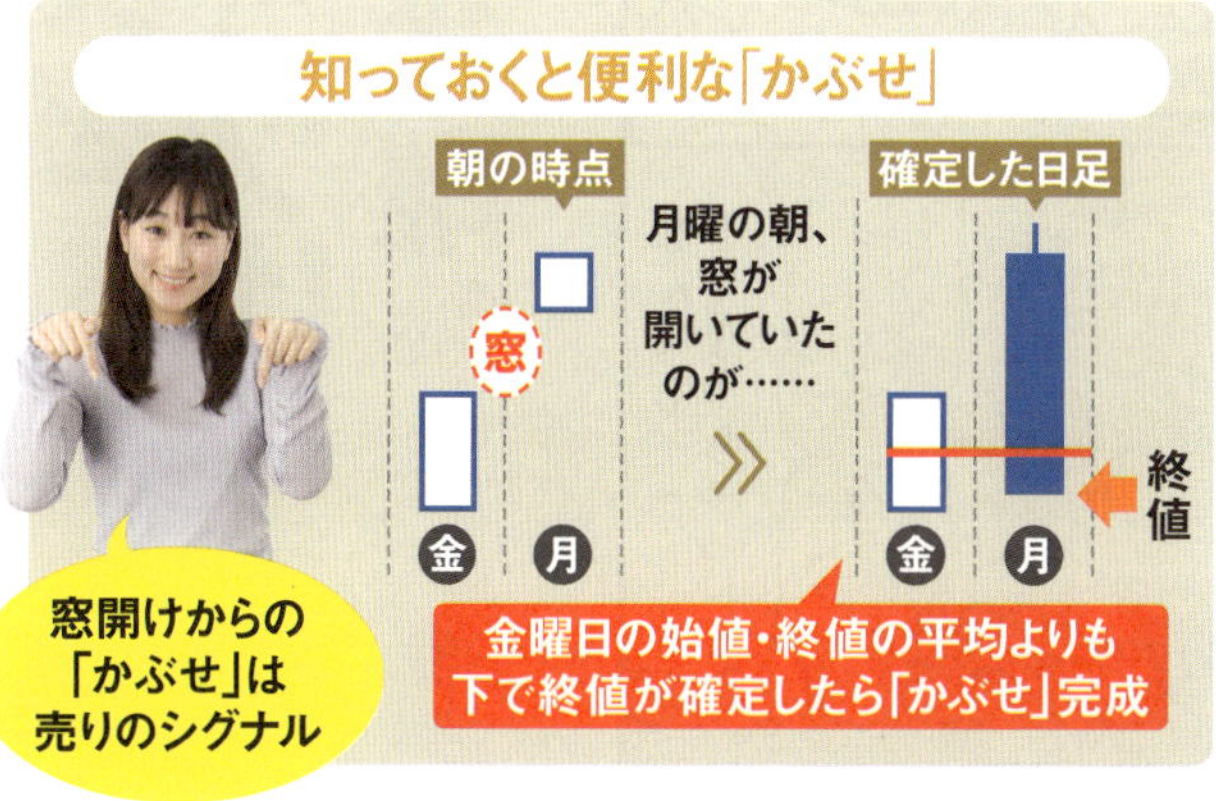
知っておくと便利な「かぶせ」
朝の時点
窓
金
月
月曜の朝、窓が開いていたのが……
確定した日足
金
月
終値
金曜日の始値・終値の平均よりも下で終値が確定したら「かぶせ」完成
窓開けからの「かぶせ」は売りのシグナル

吉永 窓は埋めやすい……？。

西原 月曜日朝に116円をつけたけれど、いったん115円まで下がり、さらに下がって前日のローソク足の中心値を割り込んだら要注意サイン。「かぶせ」の発生となり、それまで上昇トレンドだったのなら「売りの急所」となります。そう多く出る形ではないですが、月曜日に窓が開いていたら、かぶせの発生に注意してください。

吉永 いろいろあるんですね。

西原 これは酒田五法というローソク足のテクニカル分析のひとつ。テクニカル分析は勉強と検証しかないのですが、利益のためだと思えば、頑張れるんじゃないかな。

テクニカル分析はとにかく、勉強と検証！

Episode 0-6

溢れる情報に振り回されないために

ファンダメンタルズをトレードに活かすコツはむしろ、情報の〝断捨離〟

にわか勉強のファンダは大きな失敗のもとになる

吉永　金利や経済指標など、ファンダメンタルズ分析はどう考えるのがいいですか？

西原　「金利上昇は通貨高要因、金利下落は通貨安要因」といった基本は知っておくべきだけれど、ファンダメンタルズ分析は「わかったつもり」がいちばん危険です。

吉永　ファンダメンタルズは意識しなくていいんですか？

西原　もちろん、大切ですよ。でも、相場はいつもファンダメンタルズ通りに動くわけではありません。「金利が下がるから通貨も急落するはず」というように、思い

0章 関連キーワード

保護主義的な通商政策
自国通貨が安いほうが輸出品を海外で安く売れるため、国際競争力を高められる。そのため、保護主義的な貿易政策は通貨安政策とつながりやすい。

会合
各国の中央銀行は定期的に会合を開き、金融政策を決定する。中央銀行の会合は為替市場のメインイベントのひとつ。

うわさ段階
「バイ・ザ・ルーモア、セル・ザ・ファクト」。90ページ参照。

込みで判断するのは禁物です。

吉永 「トランプ当選なら絶対円高！」って思い込んで、ずっと米ドル／円を売っていたら大変なことになっていましたよね。

西原 例えば、そのトランプ大統領の政策にしても、彼の金融政策から考えれば、米ドルは上がるはずです。でも、彼の保護主義的な通商政策から考えれば、米ドルは安いほうがいいですよね。

吉永 矛盾しちゃってます。

西原 どの通貨にも上がる材料があれば、下がる材料もあるわけです。情報は広く集めたほうがいいけれど、いらない情報は捨てていかないと。「断捨離」が必要です。

吉永 でも、残す情報と捨てる情報はどう判断するんですか？

西原 市場が今、何をテーマとしているかに注目していくといいんじゃないかな。トランプの政策が関心事となっているときに、欧州の金融政策を一生懸命調べてもトレードの役には立ちません。市場が注目するメインテーマ以外は捨ててしまっていいでしょう。

吉永 どのテーマがメインなのかは、どう判断するんですか？

西原 例えば、『ザイFX！』の連載で複数の人が書いているテーマはメインテーマといえますよね。

吉永 大切なものだけ残してあとは手放す。私は人間関係の断捨離が必要かなぁ……。

西原 断捨離すれば、人生もFXもうまくいく、はずです（笑）。

初心者はやはりチャートから

西原 情報をトレードに活かすときに注意してほしいのが、「織り込み済み」ということ。ファンダメンタルズ分析の結果、「次の会合では政策金利が上がり、米ドルが買われるだろう」と予想したとします。でも、同じように予想する人がたくさんいて、会合前にすでに買っていて上がっていることも多い。それが織り込み済みです。

吉永 ファンダメンタルズ分析って難しいんですね……。

西原 織り込みが進んでいると、実際に政策金利が上がった途端に下がってしまうことがあります。「金利が上がるだろう」といううわさ段階で買われてしまうため、金利引き上げという事実が出ると売られるような動きです。

吉永 織り込み済みかどうかは、チャートを見ないとわからないですよね。

西原 ですから、初心者はチャートを最初に見る。トレンドが出ていたら、「なぜトレンドが生まれたのか？」と情報を見ていく。チャートありきでファンダメンタルズを考えるようにしましょう。

あとがきにかえて

「西原、もう10年もたてば、為替トレーディングの仕事はないよ」

この本を書き終わって、真っ先に思うのは時の流れの早さです。最初の本を出したのが2013年。「アベノミクス」でマーケットが活気づいていたころです。あれから、マーケットはBrexitという前例のないイベントを経験。アメリカでは、泡沫候補と揶揄されていたトランプ大統領が当選し、北朝鮮のミサイルが、日本上空を通過する──。4年前には現実的に起こるとは考えもしなかった事件が頻発しています。

自動運転の実現は目前に迫り、金融市場においては「Bitcoin」といった仮想通貨も台頭。わずか4年で、時代が大きく変わっています。

僕がシティバンクに入行した30年前、上司に言われたのは、「西原、もう10年もたてば、為替トレーディングの仕事はないよ」という言葉でした。

彼の言葉通り、ブローキング業務はシステム化され、銀行のトレーダーの多くがAIに取って代わられました。個人の金融業界も仮想通貨がもてはやされ、為替業界を取り巻く環境は大きく変貌しました。

ただ、自分も含め古くから為替に従事していたトレーダーは、現在もなんらかの形で為替、もしくは相場に関わっています。

その理由はひとつには、為替はオペレーションが極めて単純ですが、他の金融商品と違い「買い先行」といった側面はまったくなく、売り買い両面で相場が組み立てられていること。

加えて、為替はドメスティックなものではなく極めてグローバルなもので、為替トレーダーは海外のニュースやＩｏＴ（インターネット・オブ・シングス）などの新しい分野に関する報道にビビットに反応する人間が多いことが影響しているのではないかと考えています。

ダーウインは『種の起源』でこう述べています。

「強い者、頭の良い者が生き残るのではない。変化するものが生き残るのだ」

為替に従事しているトレーダーは変化に敏感で、だからこそ、多くの友人が相場の世界で生き残っているのではないかと考えています。

自分のコントロールできる範囲のことだけをする

時代はものすごい勢いで変貌し、為替トレーダーも時代に遅れずついていくことは重要ですが、為替を長く続けることで一番重要なことは、「収益を残すこと」。時代がどれだけ変わろうが、これは変わりません。

趣味で行なうトレードであれば、楽しんだ後、「損失」という代金をお支払いすればいいわけですが、これでは当然長続きしません。トレードは最終的に結果を残すことが最重要項目です。

ただ、ここで気をつけたいのが、結果だけを追い求めないこと。「収益」という結果を求めようとすると、どうしても悪い結果をたぐり寄せることになります。

僕の好きな元ヤンキースの黒田博樹選手も、同じようなことを述べています。「自分のコン

トロールのできる範囲のことだけをする」(『クオリティピッチング』ベストセラーズ刊)

ピッチャーは、自分がどれだけいいピッチングをしても、打線が点を取ってくれなければ勝ち星がつきません。すると、どうしても、「なんとか、点を取ってくれないか」と期待してしまいます。しかし、打線が点を取ってくれるかどうかは、自分のコントロール外のことになります。やることは、自分ができるピッチングのことだけ。これはトレード自体にも結びつきます。トレードをしていると、思わぬ報道で大きく収益がぶれることがあります。

トレードのリズムが悪くなると、どうしても、「ドルが大きく落ちる報道がでないかな」などといった考えに陥りがちです。

これは、自分のコントロール外のことを期待していることになります。

トレードに関しては、自分のパターンを決め、考え抜いたポジションであること。相場が逆にいった場合も、ピッチャーでいうとビッグイニング(大量失点)がないように資金管理をしていれば、あとはもう、結果がどうなろうが関係ないことになります。

そのほうが、いい結果がついてくると僕は考えています。

数え切れない損切りとともに

前回、本を出してから4年という月日が流れています。

この4年間も数え切れないほどの損切りを繰り返しています。もちろん、利益確定もしているのですが、なぜか大きく損切ったことのほうが脳裏に焼き付いています。

長くトレーディングをしてきて、「損切りは日常茶飯事である」と達観したいところですが、やはり精神的なダメージとなります。それが続いて「もうトレードはやめようか」と思ったことだって何度もあります。

ただ、それでも為替のトレーディングの魅力には抗えません。これからも、数え切れないほどの損切りをし、最後には収益をまとめられることを信じて、僕は為替のトレーディングを続けていくのだと思っています。

この本が、為替でうまくいかないときに、「もう一度やってみよう」と勇気づけるものとなれば、それ以上の喜びはありません。一緒に頑張っていきましょう。

最後に

今回も多くの方々にお世話になりました。

長いおつきあいですが、2016年からは僕のメールマガジンにも参加していただき、日々サポートしてくださる竹内典弘さん。同じくメルマガの執筆者で、資料作成など何かと助けていただいている田向宏行さん。

前回同様、原稿が進まない僕の背中を後ろで押してくださった、投資ライターの高城泰さん。

そして一冊目から僕を叱咤激励し続けてくれている鈴木靖子さんの献身的なサポートがなければ本書は完成することはなかったでしょう。

本当にありがとうございました。

ダイヤモンド ザイ FX!とは？

月刊マネー雑誌『ダイヤモンド ZAi』から派生し、FX・為替専門サイトとして日本有数の規模となった「ザイ FX!」の魅力をご紹介します！

Point 3

ザイFX!の有料・無料メルマガをトレードに役立てよう!

西原宏一さんの「FXトレード戦略指令！」をはじめとした有料の「ザイFX!投資戦略メルマガ」を配信中。相場が動けばタイムリーにメルマガが届きます。ザイFX!の最新記事などを紹介する無料の「ザイFX!メルマガ」もお忘れなく。

Point 4

ビットコイン・仮想通貨の情報もバッチリ!

話題の仮想通貨、ビットコイン情報もザイFX!で。トップページには、ビットコインのレートとチャートを常時掲載。5分足から月足まで確認できます。さらに「ビットコイン・仮想通貨研究所」には仮想通貨関連の分析記事や最新情報も満載です。

最強の為替サイト ザイFX!

Point 1

西原宏一はじめ、充実のFXコラムがズラリ

西原宏一さんはじめ、豪華な連載陣と豊富な連載コラムがウリ。専門家による為替相場の見通し、実績ある個人トレーダーによる相場展望、他にもザイFX!編集部の取材による、大儲けしたFXトレーダーの投資法の記事やトレードに役立つFX会社の最新情報などなどが毎日更新されます。西原宏一さんの連載「ヘッジファンドの思惑」は毎週木曜日、西原宏一さんと大橋ひろこさんの対談連載「FX＆コモディティ（商品）今週の作戦会議」は毎週月曜日に更新！

Point 2

お得なザイFX! 限定
タイアップキャンペーンは見逃せない!

FXの口座開設を考えるならザイFX!からが断然お得。ザイFX!経由でFX口座を開設すると、キャッシュバックがあったり、FX書籍がもらえたりする、ザイFX!限定タイアップキャンペーンを多数実施しています。さらにどの口座がよいか迷った時は、「FX会社徹底比較！」から、キャンペーン、取引コスト、スワップ金利、通貨ペア、レバレッジ、為替ニュースなど、ニーズに合わせた口座比較が簡単にでき、あなたに合った口座を見つけることができます！

http://zai.diamond.jp/fx

［編・著者］

ザイＦＸ！

ＦＸ情報に特化した「最強の為替サイト」。米ドル／円を始め主要通貨の相場情報はもちろん、西原宏一氏を始めとする著名人のコラムやFX会社のお得な口座開設情報、MT4、仮想通貨などの最新情報も発信している。

西原宏一

青山学院大学卒業後、1985年に大手米系銀行のシティバンク東京支店へ入行。1996年まで同行に為替部門チーフトレーダーとして在籍。その後、活躍の場を海外へ移し、ドイツ銀行ロンドン支店でジャパンデスク・ヘッド、シンガポール開発銀行シンガポール本店でプロプライアタリー・ディーラー等を歴任した後、独立。ロンドン、シンガポール、香港など海外ヘッジファンドとの交流が深く、独自の情報網を持つ。ザイFX！にて「西原宏一のヘッジファンドの思惑」を連載中。有料メルマガ「ザイFX！×西原宏一　FXトレード戦略指令！」もほぼ毎日配信中。

ザイFX！×西原宏一が教える

FXトレード戦略 超入門

2017年10月18日　第1刷発行

編　著	西原宏一×ザイFX！編集部
発行所	(株)ダイヤモンド社 〒150-8409　東京都渋谷区神宮前6-12-17 http://www.diamond.co.jp 電話　03-5778-7329(編集部) 03-5778-7240(販売)
執筆協力	高城 泰
装丁・デザイン	河南祐介、五味 聡、塚本望来、藤田真央(FANTAGRAPH)
イラスト	小川真二郎、ハラアツシ
マンガ	カマタミワ
写真提供	ロイター／アフロ
図　版	地主南雲
撮　影	和田佳久
制作進行	ダイヤモンド・グラフィック社
印　刷	共栄メディア
製　本	ブックアート
協　力	GMOクリック証券
編集協力	鈴木靖子
企画協力	田向宏行
編集担当	尾川賢志

ISBN 978-4-478-10060-8